必ず「望む結果」を引き出せる！ハーバード流交渉術

ロジャー・フィッシャー
ウィリアム・ユーリー
岩瀬大輔［訳］

三笠書房

◈訳者のことば

学ぶべきは、交渉よりも「合意をつくる技術」

岩瀬大輔

本書をはじめて手にしたのは、今から十年以上も前。社会人になって間もないころでした。「ハーバード流」「交渉術」という、二つの意味で刺激的なタイトルに惹《ひ》かれ、いつか来《きた》るべき大きな交渉事のために今から技を磨いて備えておこう、そう胸を躍らせたものです。

もっとも、二十代半ばの当時の自分にとって身近な交渉といえば、賃貸マンションの退去時に、大家さんと行なう敷金返金のやりとりくらいしかイメージできません。本書を読み終わった後も、身のまわりの交渉事にも役立てることができる一冊だな、という印象でした。

十年以上もの月日を経てこの名著の新版を新しく翻訳するに当たって、本書を改めて読み直したことで、この本で語られている内容の幅広さに驚きました。

それは自分自身が、一人の若手社員から、「ライフネット生命」というベンチャー企業の経営者へと歩みを進めるにともない、本書から内容をより豊かに感じとれるようになっていったこともあるでしょう。

「交渉」という言葉は、利害関係が対立する者同士の「ゼロサム」な交渉事を想起させます。しかし、本書で語られている内容はそのような狭義の交渉に勝つためのテクニックに留まりません。

原書のタイトル『Getting to Yes』が示すように、**いかにして「複数の利害関係者が寄り沿い、『イエス《YES》』にたどり着くか=全体としてベストな結論を導き出すか」という「合意形成のための説得術」が述べられている**のです。

この点をもっともわかりやすく記しているのは、次のような記述ではないでしょうか。

「交渉はディベートの場ではないし、裁判でもない。聴衆にアピールする必要もない。説得すべき相手は目の前の交渉者である。

あえて裁判にたとえるなら、二人の裁判官が共同で判決を考えるようなものだ。そのような場面を想像して、一緒に判決理由を考えているところを思い描いてみるといい。そうした状況で相手を非難したり声を張り上げたりしても、何の役にも立たない。むしろ見方に違いがあることを明らかにして、問題の解決のために力を合わせたほうがいい」（74〜75ページ）

そう、本書が指南するのは、いかに相手を巻き込み、説得し、問題解決をともに行なうかということなのです。それは例えば弁護士のような特定の職業に従事する人だけに関係することではなく、われわれが日々、否応なく実践していることでしょう。

まず、大切なのは、説得しようとする相手と争点の前提となる事実認識を統一することです。多くの場合に合意をつくることができないのは、判断基準や価値観が異なっていることよりも、そもそもの事実やデータ、双方が抱いている期待、目指しているゴール、そこに至るまでの交渉のルールなどがすり合わされていないことに起因します。

いわば、机の上にボードゲームをとり出し、使われる駒をすべて見せ、これからプレイしようとするゲームのルールを説明することです。それは対立するゲームではなく、一緒に最適な答えを導こうとする共同作業であるわけです。

それができたら、次に目の前にある状況が相手にはどのように映っているのか、想像力を働かせることが不可欠です。

この点について印象に強く残っているものとして、留学していたハーバード経営大学院での経験があります。

本書で示されている「交渉術」が必修課目となっていたのですが、全部で二十回の授業の中でもっとも強く印象に残ったのは、あるロールプレイングを実践する回でした。それは、企業の経営陣と労働組合との二グループに分かれて行なった賃金交渉です。

日ごろは自分と似たような価値観と世界観を共有して、笑い合っているはずのクラスメートとですら、立場が変われば主張が対立し、合意形成に至れないというもどかしさ。

また、このとき自分が労働組合側に立ってみて、いかに世界の見え方が経営陣とは異なるかという驚き。

この授業が、自分に新しい視座を与えてくれたように思えます。

これが「ベストの結果」に結びつく3つのポイント

一見同じように見えても、人がそれまでもっている知識や世界観によっては、同じ状況はまるっきり違って見えるかもしれない。

相手の話によく耳を傾け、いったい何を求めようとしているのか、表面的な条件交渉ではなく、背後にあるその人の欲求やニーズを理解しようと努めることが肝要です。

本書で述べられているテクニックの中には「参加者をテーブルの同じ側に座らせる」といった細かい話まで登場しますが、話し合って結論を出すのは生身の人間である以上、こういったきめ細やかな配慮が大切になってくるのでしょう。

これまでの私自身の経験を振り返ってみると、誰かと意見が対立し、合意に達することができないケースは、次の三つの場合でした。

1　前提となる事実認識が異なっている

2　結論を導くための考え方、あるべき基準に関する認識が異なっている

3　そもそも根底にある価値観が異なる

逆にいえば、これらの三点について合意することができれば、(よほど理不尽な交渉者を除いては）ある程度、似通った結論にたどり着くはずなのです。

そして価値観が異なる場合は、いくら話し合っても水かけ論になってしまうだけ。それは何らかの客観的な基準を決めて、それに従って答えを導くしかありません。

「リアルな交渉」にどう食らいつくか

ベンチャー企業の創業者として多くの賛同者を得ていかなくてはならない過程で、そして、社内外の人々を説得し、自分が思う方向へと舵《かじ》をとっていく過程で、私が日々実践している内容が、本書にはたくさん詰まっていると思います。

株主からの出資、監督官庁の認可取得、優秀な人材の獲得、社内のチームワーク強化など――そのほとんどはテーブルの反対側に着く「交渉」ではなく、みんなでテーブルを囲みながら、合意形成に至ろうとするプロセスでした。

ビジネスには難しい交渉事がつきものですが、私がいつも実践しているポイントを挙げるとすれば、「相手にとって世界はどのように見えているのか」ということを考えること。

そのために、はじめて会う人には、その人の立場や今までの経歴をできるかぎり知ろうと努めています。

その人の来歴によって、こちらの説明の仕方も、使う言葉も変える必要があるからです。

たとえば、同じ会社に提案するにしても、交渉する相手が違えば、アプローチする内容が違ってきます。

現場の担当者は、その人自身が担当する自社商品がもっと売れてほしいと望んでいるわけです。その場合は「こちらと組めば、その商品がもっと売れますよ」という提案をする。

その人の上司である事業部長が相手であれば、その商品が売れなくても、その社の別の商品が売れればいいと思うかもしれない。

あるいは、その上の役員であれば、一つの事業分野だけではなく、会社全体にメリットがあればいいと考える。

さらに社長になると、社員たちがこちらと仕事をすることで勉強をし、成長するのならいいと考えます。

立場ひとつでもこれだけ求められていることが違う——だからこそ相手を知って交渉することが必要なのです。

ハーバード流はこんなところでも活きてくる！

最後に余談ですが、留学中に旅したインドで、私は学んだばかりの交渉術を実践する機会を得ました。案内係の運転手に連れていかれたのが、絨毯《じゅうたん》屋。ここで私は大学院で学んだ交渉術を試してみようと思ったのです。

百戦錬磨の店主から「八〇〇ドルでどうだ？」ともちかけられ、私は強気の態度で臨みます。何せ私は何も買わなくてもいい、交渉を蹴ってホテルに帰ることもできるはずです。

「そんな金額、話にならない。せめて二〇〇ドルじゃないと」

その直後、店主の顔に一瞬浮かんだ笑みにショックを受けました。

「しまった！」と思ってももう遅い。

おそらく二〇〇ドルでも彼にとっては十分に満足のいく金額だったのです。どうせなら、こちらは五〇ドルくらいからはじめればよかったのですが、「あまりに低い金額を提示してしまうと、品物を見る目がないとバカにされるのではないか」と、日本人にありがちな見栄を張ってしまったのです。

その後の交渉は相手ペースで進み、私は絨毯を買わされてしまいました（もちろんその品は気に入っていたので、満足のいく買い物だったのですが）。

このように、いくら書物の上で交渉術を学んでも、いざ実践の場に出てみると、「自分はまだまだだな」と思い知らされることがあるでしょう。

皆さんも本書で、自分なりの「合意形成術」を見つけ、さらに実力を磨いていかれることを祈念しています。

はじめに

どんな場面でも「最高の成果」を出すために！

望むと望まざるとにかかわらず、私たちは「交渉」を避けることはできない。

それは生活の一部であり、誰もが日々、何らかの交渉に関わっている。フランスの劇作家モリエールの戯曲『町人貴族』に出てくるジュルダンが、それまで自分がずっと散文を話していたことを知らなかったように、私たちもそれと気づかずに交渉しているのである。

夫婦が夕食をどこに食べにいくかを相談するのも、親子が就寝時間をめぐって話し合うのもそうだ。それは自分が望んでいることを実現するための基本手段であり、共通の利益や対立する（あるいは単純に異なる）利害について合意を得る話し合いのプロセスに他ならない。

家の売り主と価格の折り合いをつけたり、交通事故では示談交渉を行なったり、石油会社は海底油田の共同開発をめぐって折衝《せっしょう》に当たったりする。交通機関のスト回避のために市の担当者と組合幹部が話し合うのも、核兵器の制限について米ロの外相が協議するのも交渉だ。

今や対立や摩擦はどんどん増える傾向にある。自分に影響が及ぶことには誰もが口を挟《はさ》みたがり、他者の決定を素直に受け入れる人は減り続けている。

人々の利害にはギャップがあるが、それを埋める手段が交渉なのである。ビジネス、政治、家庭環境を問わず、ほとんどのことは交渉を経て決まる。訴訟でさえ、大半は裁判前に示談が行なわれる。

しかし、それが日常茶飯事とはいっても、うまくやれるかというと話は別だ。一般的に用いられている戦略では不満足な結果に終わったり、精神的に疲れきったり、しこりが生じたりしやすく、こういったことが同時に起こることも多い。

私たちの目の前には、「ソフト型（穏便）」でいくか、「ハード型（強硬）」でいくか、という二つの悩ましい選択肢がある。

「ソフト型戦略」は、衝突を避け、合意のためなら譲歩をいとわず友好的に話をまとめようとする戦略だ。しかし、このような態度は相手につけ込まれ、不本意な結果に終わるパターンが多い。

一方、「ハード型戦略」は交渉を意志のぶつかり合いととらえ、極端な条件を提示して粘ったほうが勝ちだと考える。ところが、こちらの態度ではしばしば相手も頑《かたく》なになり、時間や費用がかさんで消耗した末に、関係も悪化するケースが少なくない。

なお、ソフトとハードの間に位置する戦略もよく用いられる。この戦略にはいくつかバリエーションがあるが、いずれも自分が望んでいることと関係維持の妥協を図る必要がある。

交渉には、ソフトでもハードでもなく二つを融合した第三のやり方も存在する。それが、ハーバード大学交渉学研究所で開発された「原則立脚型交渉」だ。

この戦略では、双方が何をする意志があって何をする意志がないかの〝条件〟をめぐって争うかわりに、交渉の〝実体〟に注目して結論を出す。お互いの利益を追求しつつ、利害の対立がある部分は、客観的で公平な基準にもとづいて落としどころを探るのである。いわば、交渉内容に関してはハードに、人にはソフトにというスタンスで、手練手管《てれんてくだ》を使ったり虚勢を張ったりすることもない。

原則立脚型交渉では、正当な利益を確保しつつ、紳士的態度を保つことができる。あくまでフェアに振る舞いながら、そのような態度につけ込もうとする相手から身を守れるのである。

本書は、この原則立脚型交渉の解説書である。1章では、一般に行なわれている駆け引き型交渉の問題点について見ていく。続く2章では、原則立脚型の基本ルールを解説する。最後の3章では、相手の立場が強いとき、こちらのやり方に乗ってこなかったとき、手練手管を使ってきたときにどうするかといった点に答えていく。

原則立脚型交渉は、外交官から、企業買収を行なう投資銀行の交渉担当者、旅行の行き先や離婚後の財産分与を相談する夫婦まで、誰もが実践できるオールマイティな手法だ。実は、誘拐犯から人質を解放する交渉人の基本戦略にもなっている。

交渉はどれ一つとして同じではないが、基本的な部分は共通している。争点は一つのこともあれば複数のこともあり、一対一の話し合いもあれば、当事者が複数いることもある。団体交渉のように決まった段取りがあるかと思えば、ハイジャック事件のように筋書きのない交渉もある。

しかし、原則立脚型交渉はいずれの場合にも用いることができ、相手が交渉慣れしていても経験が浅くても、ハード型でもソフト型でも対応可能な「オールラウンド型戦略」である。しかも、他の多くの手法と違って、相手が同じ戦略で臨んできても困るどころか、交渉がやりやすくなる。相手が本書を読んでいれば、それはむしろチャンスと考えていい。

もくじ

1 あらゆる交渉が「思うまま」になる戦略《シナリオ》

2

「相手の心」をコントロールする者が交渉の場を制する！

しなやかであり、ブレない強さ　

お互いにとっての「最高の解決法」はここにある

こちらの要求を一〇〇%納得させる　148

相手が「汚い手口」を使ってきたら　224

1

あらゆる交渉が「思うまま」になる戦略《シナリオ》

交渉は「駆け引き」ではない

契約にせよ、家族との口論にせよ、国家間の和平にせよ、交渉は条件をめぐる「駆け引き」になりがちである。このタイプの交渉では、お互いが自分側の条件を主張し、譲歩を重ねて合意を探る。典型的なのは、アンティーク・ショップの店主と客のこんなやりとりだ。

客——この真鍮《しんちゅう》のお皿、おいくらですか。
店主——見事な骨董品でしょう。七五ドルでお譲りしますよ。
客——高すぎるわ。だいいち、ここ、へこんでいるじゃない。一五ドルなら買うけれど。
店主——おや、そうでしたか。でしたら、多少の値引きは検討させていただきますが、一五ドルはさすがにちょっと。
客——二〇ドルなら出してもいいけど、七五ドルなんてありえないわ。
店主——お客さん、なかなかお上手でございますね。六〇ドル、即金で手を打ちましょう。

客――二五ドル。

店主――仕入れに相当かかっておりますから、それなりのお代をいただかないと……。二五ドルでは大赤字ですよ。

客――三七ドル五〇セント。これ以上は無理ね。

店主――このお皿の彫りの見事さをご覧ください よ。来年はこの手の品は倍になりますよ。

こんな掛け合いが延々と続く。売買が成立するかどうかはケースバイケースだ。

交渉手法のよし悪しを判断する客観的基準は三つある。①合意が可能な場合にそれが優れた合意になるか、②プロセスが効率的であるか、③交渉後に関係が改善しているか（あるいは少なくとも損なわれていないか）である。

なお、〝優れた合意〟というのは、お互いの正当な利益を可能なかぎり満たし、対立する利害を公平に解決できているものを指す。その合意がきちんと保たれ、社会の利益が考慮されていることも大事な要件だ。

もっとも一般的な交渉形式は、ここに挙げたように自分側の条件を示し、引っ込めてまた提示することをくり返すパターンである。

アンティーク・ショップの店主と客のように条件の駆け引きをすることには、一定の意味がある。相手側にこちらの望みが伝わり、精神的に余裕のない不確かな状況でもそれを足がかりにして交渉を展開できる。また、最終的に受け入れ可能な合意に至ることもあるだろう。だが、それらは他のやり方でもできるし、友好的かつ効率的にベストな合意を形成するという、優れた交渉の基本要件を満たしていない。

◆「この条件」にこだわると、いい結果は得られない

駆け引き型交渉では、それぞれが自分の条件にこだわって身動きがとれなくなるということが往々にして起きる。**自分のスタンスを明確にして弁護すればするほど、態度を変えにくくなる**のである。

最初に提示した条件が絶対だと主張するほど譲歩は難しくなって、その条件が自分そのもの（我《エゴ》）と一体化していく。こうして面子《めんつ》を保つことが新たに利害に加わり、軌道修正ができなくなっていくのである。お互いが本来求めている利益をうまく調整できる可能性もどんどん遠のいていく。

駆け引き型は、このように交渉を阻害しかねない。その問題点が表面化した典型的な例が、

一九六一年のジョン・F・ケネディ政権の包括《ほうかつ》的核実験禁止条約締結《ていけつ》の失敗である。これが成立していれば、その後三十年にわたって続いた米ソ軍拡競争のかなりの部分は回避できていたかもしれない。

不審な地震が観測されたときに年に何回まで立ち入り調査を許すかという問題について、ソ連は三度までとしたが、アメリカは十回以上を主張した。この条件で折り合えなかったため、交渉は決裂している。しかしこの「立ち入り調査」に関しては、一人が一日で見て回るのか、百人が一カ月にわたって片っ端から調べるのかといったコンセンサスはなかった。アメリカの回数へのこだわりと、できるだけ主権を侵害されたくないという両国の意向を折《せっ》衷《ちゅう》した査察手続きを考える努力は、どちらの側もほとんどしなかったのである。

また、イラクではフセイン政権崩壊後、契約条件への固執が原因で、石油会社と農民が危うく流血沙汰《ざた》になりかける事態も起こっている。農地を奪われたイラク南部の農民たちが結束して政府から土地を借り、なけなしの金と借金を注ぎ込んで作物を植えたところ、石油が出たという理由でわずか数カ月後に立ち退きを命じられた。契約の中にそのような条項が含まれていたのである。

出ていけという国営石油会社に対し、農民は自分たちの土地だと主張して留まり続けた。会社側が警察を呼ぶと脅すと、農民はこちらには仲間がいると応じ、会社が軍隊の動員をちらつかせると、こちらも銃がある、生活がかかっているし、出ていくつもりはないと開き直った。

軍隊がやってきて一触即発の状況になったが、駆け引き型に代わる交渉手法を学んだばかりの官僚が間に入ったおかげで事なきを得ている。

この官僚が会社に、石油を採掘できるようになるまで何年かかるか尋ねたところ、おそらく三年程度という答えが返ってきた。これから数カ月の作業を問いただすと、人工地震を起こして地層を調べるマッピングをするという。一方、農民に今出ていけない理由を聞くと、収穫が六週間後に迫っていて、それができなければ全財産を失うからだということだった。

それからまもなく両者は合意に達し、農民は収穫してもよいことになった。石油会社の調査活動の妨げにはならないと判断されたのである。会社側は、今後彼らの多くを土木作業のために雇いたいといい、掘削やぐらの間の土地に作物を植えることにも反対しなかった。

これらの例からもわかるように、自らの主張や条件に執着すると、自分や相手の本来の利益に目が行きにくくなる。当然、合意も遠のく。たとえ合意できても、それはお互いの利益をきちんと考えたものではなく、単に二つの主張の間をとったものになりかねない。そのような合意はどちらにとっても不満の残るものであることが多く、場合によっては決裂したほうがましだったということにもなりかねない。

◆こんな「非効率な交渉」をしていないか

一般的に使われている交渉手法の場合、合意を得られることもあれば、先の査察回数の例のように決裂することもある。そしていずれの場合も、多くの時間がかかってしまう。

駆け引き型では、解決を遠のかせるような心理的な力が働く。最初に極端な条件を提示してそれに固執したり、本音を隠したり、破談にならない程度にじりじり譲歩することで、より有利な合意を得ようとするのである。

もちろん、相手も同じことをする。これらはいずれも、解決を遅らせる要因となる。最初の提示条件が極端で、譲歩の幅が小さいほど、合意できるかどうかがはっきりするまでにかかる時間と労力もそれだけ増える。

駆け引き型では、どんな条件を提示するか、相手のどんな条件を拒絶すべきか、どれだけ譲歩するかを双方が毎回決断しなければならず、決断の回数そのものが多くなる。決断するのはどう考えても「面倒な作業」であり、時間もかかる。どこまで相手に妥協するか判断しなければならない上に、妥協すればさらなる妥協を迫られる可能性もあり、心理的なブレーキがかかってしまう。

そんなわけで、回答を引き延ばしたり、破談をちらつかせたり、時間稼ぎをしたりといったことが普通に行なわれるが、それでは合意までの時間とコストが膨らむだけであり、そもそも合意に至らない可能性も高くなってしまう。


また、駆け引き型の交渉は、意志のぶつかり合いになる。お互いが「何をしたいか・したくないか」を表明し、それを通そうとするため、受け入れ可能な結論を導き出す作業は往々にして戦いになる。お互いが意志の力で自分の条件をゴリ押ししようとするのである。たとえば、映画を見にいこうとして「絶対譲れない。『アバター』以外なら一緒に行かないよ」といったことになるわけだ。

相手が折れないからといって、どちらかが妥協すれば、片方の利益だけが満たされ、不満やうらみが残りやすい。その結果、関係が気まずくなったり、場合によっては破綻《はたん》したりするケースも出てくる。長年共同で事業をしてきた会社が袂《たもと》を分かったり、お隣さんと口を利かなくなるといったことにもなりかねない。そのようにしてできた感情のしこりは、一生残ることもある。

◆当事者が多い場合

一対一の話し合いは比較的やりやすいが、交渉のほとんどはより多くの当事者が絡《から》んでいる。大人数が同時にテーブルに着き、双方の背後に複数の利害関係者や、上司や取締役会、委員会などが控えていることもある。そして関わっている当事者が多いほど、駆け引き型のデメリットは深刻になってくる。

国連会議のように一五〇もの国が関わる交渉を駆け引き型でやるのはほとんど不可能に近い。合意するにはすべての国が賛成しなければならず、一国でも不賛成なら決裂である。交互に譲歩しながら落としどころを探ろうとしても、誰を相手にやるのかということになる。しかも、二国間の協定をたくさん結んだところで、すべての国が納得できる合意には至らない。

このような状況では〝共通の利害〟をもつ当事者が連合を組んで駆け引きをすることが多いが、その利害というのは象徴的なものになりがちだ。国連の場合は、北と南、西側と東側といった構図がよく見られる。しかし、それぞれの集団には多くの参加者がいるため、主張を一つにまとめるのは難しい。その上、苦労の末にまとまったとしても今度は変えにくくなり、修正するときはまとめたとき以上に難航することになる。

同様に、代表者の背後に決定権をもつ関係者がいる場合も、主張や条件を変えるのは難しい。

◆「つけ込まれやすい人」「身ぐるみはがされる人」

強引な駆け引きの代償が高くつくことは、多くの人が知るところだ。とりわけ、当事者の一部が割を食ったり関係が損なわれたりしやすい。

そこで、ソフト型路線が登場する。相手を敵視せずに友人のように接し、勝つことより合意することに重きを置くのである。

ソフト型交渉の基本は、相手を信用して友好的に振る舞い、必要に応じて条件などを提案したり譲歩したりし、衝突しそうなときは身を引くというものだ。

駆け引き型交渉におけるソフト型戦略とハード型戦略の違いを表にしてみた。ほとんどの人は、この二つの戦略のどちらかを選ぶ傾向がある。表をご覧になって、自分はどちらのタイプか考えてみていただきたい。中には、中間の戦略をとるという人もいるかもしれない。

どちらでいくか——「駆け引き」の2つのタイプ

ソフト型戦略	ハード型戦略
●友好的	●敵対的
●合意を目指す	●勝利を目指す
●関係を強化するために譲歩する	●関係を維持する条件として譲歩を迫る
●人にも問題にもソフトに当たる	●人にも問題にもハードに当たる
●相手を信用する	●相手を信用しない
●自分側の条件を柔軟に変える	●自分側の条件に固執する
●提案する	●脅す
●合意の最低ラインを伝える	●合意の最低ラインをごまかす
●偏った利益配分に甘んじる	●偏った利益配分を強要する
●相手に受け入れてもらえる単独の結論を探す	●自分が受け入れられる単独の結論を探す
●合意にこだわる	●自分の条件にこだわる
●意志のぶつかり合いを避ける	●意志のぶつかり合いで勝とうとする
●圧力に屈する	●圧力をかける

ソフト型戦略は、相手との関係を構築して維持することに重点を置いている。家族や友人同士の交渉のほとんどはこちらである。多くの場合速やかに合意が得られ、交渉プロセスは基本的に効率的といっていい。双方が相手の利益に配慮し、協力的に事を進めるので、合意に至る確率は高い。

ただし、それが〝優れた合意〟であるとはかぎらない。貧しい夫婦が出てくるO・ヘンリーの小説で、けなげな妻が髪の毛を売って夫の懐中時計の立派な鎖を買い、夫が懐中時計を売って妻のために美しい櫛《くし》を買ってしまう話があるが、そこまで悲しいことにはならないとしても、交渉で関係を最優先すれば合意内容が残念なものになる可能性は常にある。

より深刻な問題としては、**駆け引き型交渉においてソフトで友好的な戦略にこだわると、ハード戦略の相手にボロボロにされかねない**ということがある。駆け引き型の交渉では、ソフト型はハード型に歯が立たないのだ。

ひたすら譲歩を求めたり脅したりしてくるハード型に対し、ソフト型が合意にこだわって折れ続ければ、ハード型にとって一方的に有利な展開になってしまう。合意には達するだろうが、それが〝満足のいく合意〟になる保証はなく、ほぼ確実にハード型に偏ったものとなる。ソフトに臨んだだけ、おそらく身ぐるみをはがされてしまうだろう。

◆戦わずして勝つ、これこそ〝ハーバード流〟

ソフト型もハード型も性《しょう》に合わないという人には、別の戦略がある。

交渉には二つのレベルがある。一つは賃金、賃貸条件、価格といった交渉内容そのもの。もう一つは表に出てくることはあまりないが、それらの本題を詰めていく手続きの部分である。

具体的には、ソフトでいくか、ハードでいくか、あるいは駆け引き型とは別の方法で合意を目指すかといったことで、こちらは交渉のための交渉――「メタ交渉」と呼ぶべきものだ。交渉におけるそれぞれの発言でやりとりされるのは、賃貸料や給料などの交渉内容だけではない。それと同時に、交渉のルールの探り合いも行なわれている。発言を通じて現状のルールが追認されることもあれば、別のルールへの変更が示唆《しさ》されることもある。

こちらのやりとりは通常、意識的に行なっているわけではないので、あまり注目されることはない。交渉相手が違う国の人間の場合、とりわけ文化的背景が大きく異なるときは、交渉手続きのコンセンサスも必要になってくるだろうが、それ以外ではほとんど意識されないものだ。ただ、意識していてもいなくても、そのような交渉のルールに関する交渉は発言のたびに行なわれている。

結局、アプローチはソフトとハードのどちらがいいのかというと――答えはどちらでもない。ポイントは**「駆け引き型から抜け出すこと」**だ。

私たちはハーバード大学交渉学研究所で、駆け引き型にかわる方法を研究してきた。友好的かつ効率的に優れた結果を導き出すことを目指した新たな交渉手法である。

これは「原則立脚型交渉」ないしは「実体重視交渉」と呼ばれるもので、四つの原則から構成される。これらはほぼあらゆる状況に適用できるシンプルな原則で、それぞれが交渉の基本要素にもとづいており、行動の指針にできる。

人――人と問題を切り離す
利益――「条件や立場」ではなく「利益」に注目する
選択肢――お互いの利益に配慮した複数の選択肢を考える
基準――客観的基準にもとづく解決にこだわる

原則立脚型交渉と、駆け引き型交渉のソフト型戦略とハード型戦略の違いを、37ページにまとめておいたのでご覧いただきたい。原則立脚型の四つの原則は太字で示しておいた。

最初の原則は、人間がコンピュータとは違うという事実を考慮したものだ。私たちは感情からなる生き物で、認識も人によって大きく違う。コミュニケーションで意思を明確に伝えるのも苦手である。たいていのケースでは、それぞれが望んでいる利益は純粋に客観的なものではなく、感情が絡んでいる。しかも、そのような利益の上に立ってそれぞれが条件を主張すると、その条件が〝我〟と結びついてさらに厄介なことになる。

一方、〝関係〟のために譲歩するのも、それはそれで問題である。相手の強気な態度を誘発してしまい、不本意な合意を飲まざるを得なくなって逆に関係が悪化しかねないのだ。

つまり、交渉では案件そのものを協議する前に、人間的要素を切り離して対処し、かつ、同じ側に立って解決にとり組むのが望ましい。相手ではなく、交渉で話し合うべき問題に立ち向かうのである。それが**「人と問題を切り離す」**ということだ。

二つ目の原則は、お互いの利益を満足させることが交渉本来の目的であるにもかかわらず、提示した条件にこだわることの弊害に注目したものである。相手に表明した条件と本来求めていることとの間には、ズレがあることが多い。つまり、その条件の間のどこかで妥協しても、本来のニーズが満たされない可能性が高いのだ。そのため**「条件や立場でなく利益に注目する」**ことが重要となる。

三つ目の原則は、精神的に余裕のない状況では満足のいく結論を見つけるのが難しいという事実を考慮したものだ。相手が目の前にいて緊張しているときは、視野が狭くなりがちだし、大きな利害が絡んでいると創造的なアイデアは浮かんできにくい。一つの答えだけを探そうとしたときも同じだ。

これらの問題に対抗するには、一定の時間を確保し、共通の利益を増やしつつ、対立する利害をうまく調整できる解決策のバリエーションを検討するのが有効だ。合意を考える前に**「お互いの利益に配慮した複数の選択肢を考える」**のである。

最後の原則は、利害があからさまに対立しているときに、粘ったほうが有利な結果を得てしまうケースに対処するものだ。このような戦術を許すと、「ゴネたほうがトク」ということになり、恣意《しい》的な条件が通ってしまいやすい。そういう相手には、どちらの意志にも左右されない客観的で公平な基準で考えましょうと主張することだ。

そのときに、自分だけに都合のいい客観的基準を押しつけようとしてはいけない。市場の相場、専門家の意見、慣行、法律などの公正な基準をものさしにして結論を出すことが大切だ。お互いが何をする意志があって何をする意志がないかではなく、これらの基準を話し合うことで、一方的に〝折れる〟状況を避け、互いに納得できる着地点を見出せる。

この四つの原則は、交渉について考えはじめた時点から合意に至るまで、あるいは合意を

最強の「原則立脚型」、そのメリット

ソフト（友好的）	ハード（敵対的）	原則立脚型
●合意を目指す	●勝利を目指す	●一緒に友好的かつ効率的に優れた合意に至ることを目指す
●関係を強化するために譲歩する	●関係を維持する条件として譲歩を迫る	●**人と問題を切り離す**
●人にも問題にもソフトに当たる	●人にも問題にもハードに当たる	●人にはソフト、問題にはハードに当たる
●相手を信用する	●相手を信用しない	●「信用する・しない」にとらわれずに話を進める
●自分側の条件を柔軟に変える	●自分側の条件に固執する	●**条件や立場でなく利益に注目する**
●提案する	●脅す	●背後のさまざまな利益を明らかにする
●合意の最低ラインを伝える	●合意の最低ラインをごまかす	●合意の最低ラインを決めない
●偏った利益配分に甘んじる	●偏った利益配分を強要する	●**双方の利益に配慮した複数の選択肢を考える**
●相手に受け入れてもらえる単独の結論を探す	●自分が受け入れられる単独の結論を探す	●まず複数のアイデアを出し、後で判断する
●合意にこだわる	●自分の条件にこだわる	●**客観的基準にもとづく解決にこだわる**
●意志のぶつかり合いを避ける	●意志のぶつかり合いで勝とうとする	●双方の意志の影響を受けない基準で合意を目指す
●圧力に屈する	●圧力をかける	●理を説き、相手の理に耳を傾ける。圧力に屈せず、原則にもとづいて交渉を進める

あきらめる決断をするまで意識する必要がある。このプロセスは分析、立案、協議の三つのステップに分かれている。順に見ていこう。

「分析」は現状を見極める段階で、四つの原則に注目して情報を収集、整理し、吟味《ぎんみ》する。具体的には、対処すべき人間的要因（認識のズレや感情、コミュニケーションの問題など）を見極め、自分と相手が望んでいる利益を明らかにしておく。

また、現時点で明らかな合意の選択肢の種類や、判断基準としてすでに提案されているものもリストアップする。

「立案」では、四つの原則に関してアイデアを出しながら、必要な行動を考えていく。

人間的要因を解決するためにどのような提案をするか、自分の利益のうち最優先すべきものはどれか。実際に達成する必要があるのはどんなことか。別の選択肢や判断基準がないかも検討しておく。

「協議」では合意を目指して話し合いを進めていくことになるが、このときも四つの原則が重要になってくる。

認識のズレ、不満や怒りなどの感情、コミュニケーションの問題などを俎上《そじょう》に乗せて対処していく。お互いが相手側の利益を認識した上で、みんなの得になるような選択肢をともに考え、対立する利害は客観的な基準にもとづいて調整していく。

簡単にいえば、原則立脚型交渉は、本質的な利益と、お互いが納得する合意の選択肢に注目し、公平な判断基準を設定することで優れた合意を目指すやり方だ。

この手法なら、条件に固執するのにエネルギーを使い、そこから抜け出すのにさらにエネルギーを使うというムダを省いて、効率的に共通のコンセンサスに近づいていくことができる。

また、人と問題を切り離すことで、相手を思いやりつつ、立場の違いを超えて同じ人間としてストレートに話せるようになり、友好的に結論を導き出しやすくなる。

さて、いよいよ次章からは、四つの原則をどのように実践していけばよいか、順に解説していく。

2

「相手の心」をコントロールする者が交渉の場を制する！

この「感情」ひとつが流れを変える！

もし、上司から不本意な指示を受けたら、あなたはどう思うだろうか。個人的な感情が絡《から》んでいると考えてしまうことはよくある。労働組合の例で見てみよう。

組合幹部が「ストをしたいというのは誰だ」と尋ねると、組合員のジョーンズが出てきてこう答える。

「私です。あの上司にはもう我慢できません。またグループから外されて他のヤツの穴埋めをやらされました。二週間で五度目だし、明らかに目のかたきにされてる。もううんざりです。何で私ばっかり汚れ仕事をやらされるんですか」

その後、組合幹部がジョーンズの上司に問いただした。「ジョーンズと何かいざこざでもあるのですか。本人は二週間で五回も他の作業に駆り出されたといっていますよ」

するとと上司がいう。

「ジョーンズが一番頼りになるからですよ。それぞれのグループのリーダーがいないときでも、彼ならまとめられる。ジョーンズを派遣するのはそういうときだけで、それ以外は他の者にしています。ここのところ、インフルエンザでリーダーの人手が不足しているんですよ。彼が嫌がっているとは知りませんでした。大事な仕事を任されて喜んでいるのかと……」

次は、保険会社の弁護士モンテイロと州の保険監督官のやりとり。

「わざわざお時間をつくっていただき、ありがとうございます。実は厳格責任保険規則の、みなし規定のことでご相談に上がりました。正直に申し上げますと、今の約款《やっかん》で料率改定の上限を設定している業者にとっては不利な内容になっていると考えておりまして、一部の変更をお願いでき……」

監督官は話を最後まで聞かず、にべもなくいう。

「モンテイロさん。この件については公布前に何度も公聴会を開きましたよね。異議を申し立てる機会はたっぷりあったはずですよ？　私自身が議長を務めて、すべての意見にきちんと耳を傾けた上で最終的な文言を決めたのです。私に落ち度があったとでも？」

「いえ、ただ……」

「そうか、私のやり方が不当だとおっしゃりたいわけですか」

「そんな、とんでもない。ただ、この条項を検討したところ、私どもが予想していなかったような影響が……」

「モンテイロさん。私は命に関わる欠陥ドライヤーと一万ドルの走る粗悪車を一掃すると決意してこの仕事に立候補したのです。そのために定めた規定だ。だいたい、あなたの会社は厳格責任保険で昨年は五〇〇〇万ドルの利益を得ている。条項が不利？　予想してなかった影響？　よくもまあ、そんなことがいえたものですね。この話は終わりです。お引きとりください」

ここで保険会社の弁護士が食い下がれば、監督官を怒らせるだけで何の成果も得られないだろう。州で手広くビジネスを展開している以上、監督官とはいい関係を保っていたい。

弁護士は、規定が公平性を欠き、長い目で見て消費者の不利益になると考えており、公聴会では専門家でもこの問題を見通せなかったと思っての陳情だが、もうこの件はあきらめるべきだろうか。こうしたすれ違いは、なぜ起こってしまうのだろう。

◆〝わからず屋〟の深層心理

ビジネスや国同士の交渉で忘れられがちな事実がある。実際に相手にしているのは「生身の人間」だということだ。

「交渉の代表者」というといかにも抽象的だが、彼らには感情もあるし、人間である以上予測のつかない行動にも出る。彼らはそれぞれ異なるバックグラウンド、独自の価値観とものの見方をもっている。認識には偏りがあって、恣意《しい》的な解釈もすれば、見えていない部分もある。論理が飛躍することもあるだろう。これは自分自身にもいえることだ。

人間のこのような性質は交渉の役に立つこともあれば、阻害する原因にもなるだろう。合意を目指す話し合いの中で、お互いが満足できる結論を出そうという気持ちになることもあるだろう。理解と信頼を育み、お互いに敬意をもって友好的な関係を築いていければ、交渉をよりスムーズに、効率的に進めていけるようになる。いい人でありたい、人によく思われたいという心理が、相手の利益の配慮につながることも少なくない。

一方で、人間には、怒りや不満、恐怖などのマイナス感情もある。不本意なことがあれば落ち込むし、自尊心が傷つけられることにも敏感だ。

また、主観で物事を眺め、たいてい自分に都合のいい解釈をしてしまう。相手のいったことを曲解し、相手に誤解される発言をする。そうしたすれ違いのために、偏った見方がますます凝《こ》り固まり、その見方にもとづく行動に相手が反応して悪循環に陥ることもある。

そうなれば理性的に着地点を探ることは困難になり、交渉は破綻《はたん》する。合意のための話し合いが、得点稼ぎをしたり相手をこき下ろしたり、責任をなすりつけ合ったりして、双方の本来の利益がなおざりにされてしまうのだ。

相手が感情や欠点をもった人間であることに配慮しないと、交渉は往々にして失敗する。準備段階からフォローアップに至るまで、交渉では常に「人の心の問題（人間的要因）をきちんと考えているか」と自問し続けることが大切だ。

◆「その先にあるもの」を見よ

交渉をする人は誰でも、自分の利益が満たされた上で、合意をしたいと考えている。それが交渉のそもそもの目的だ。

その一方で、相手との関係も大切だ。骨董品を売る店主はお金も欲しいが、客にいい気分で買ってもらい、お得意様になってほしいとも思っている。最低でも、受け入れ可能な合意にたどり着いて、それが気分よく実行できるレベルの関係は保ちたいと考えるものだ。

だが、一般にはそれ以上のものを視野に入れていることが多い。交渉の多くは、今後の関係や交渉にプラスになることを目指して進められる。長いつき合いの顧客や共同事業者、家族、同業の仲間や役人が相手の場合は、それぞれの交渉の結果より、人間関係のほうがずっと重要だ。これは国と国の場合でも同じである。

交渉において何より厄介なのは、話し合っている問題と、相手と自分の〝関係〟が一体化してしまいがちなことだ。発言をするほうも聞くほうも、話し合うべき問題と相手の人間性を一緒くたにしがちなのだ。

たとえば家族に向かって「キッチンが散らかっているな」とか「銀行の残高に余裕がないわね」といった発言をした場合、ただ問題を指摘したつもりでも「相手への批判」ととられることがよくある。

その一方で、何かに怒っているときは、その問題に関係があると思っている人へ、怒りをぶつけてしまうことがある。物事に関する主張や立場には、〝我〟が入り込んできやすいのだ。

解決すべき問題と人の心理面が結びついてしまうもう一つの要因は、私たちが他者の発言を曲解してしまうことにある。相手の言動を自分に対する意図や態度を勝手に深読みしてしまうのである。

注意していないとほとんど無意識にそうしてしまい、別の解釈ができることにはまず思い至らない。その結果、先の労働組合のジョーンズの事例のように、目のかたきにされていると思っていたのが実は能力を買われていて、それゆえに責任ある仕事を与えられていた、といったすれ違いも起こる。

◆問題をややこしくするな

交渉が条件をめぐる意志のぶつかり合いになってしまうと、人と交渉内容がますます分かちがたく結びつくことになる。こちらが最終的に合意したいと考えている条件は、相手の目には関係を軽視している証《あかし》に映るかもしれない。

その一方で、相手が極端な条件に固執していれば、こちらも足元を見られているように感じ、自分との関係や自分という人間を評価されていないと考えてしまう。

駆け引き型交渉では、話し合うべき本来の利益と、相手との関係という利益が対立することになる。保険会社が州の監督官と長期的にいい関係を維持したいと思えば、今回はあきらめようと判断したりするわけだ。ただし、折れたからといって関係がよくなる保証はない。

「コイツは弱腰だ」と思われてさらに足元を見られる恐れもある。

逆に、相手から敬意や好印象をもたれることより、とにかく有利な結果を重視するなら、関係を盾に譲歩を迫ることもできる。

「この点をご納得いただけないなら、私たちの関係はこれっきりということで」などと揺さぶりをかけるわけだ。ただ、それで譲歩を引き出せればよいが、たいていは不本意な結果に終わった上に、相手との関係も損なわれてしまう。

交渉の論点そのものへの取り組みと、いい人間関係を両立させることは、絶対に不可能というわけではない。しかし、そのためには、その二つをお互いが意識的に切り離し、別個の問題として解決していく必要がある。

共通の認識をもち、腹を割ったコミュニケーションを実現して、相手を非難せずに心情を伝えていける前向きな関係を築かなければならない。**譲歩することばかり考えず、接し方を改善することで人の問題を解決していくことが大切**だ。

人の心が深く関わった問題は、心理学のテクニックで対処できる。たとえば、認識にズレがあるなら、それぞれの真偽を確かめ、正しい認識を共有していけばいい。お互いの感情が高ぶっているときは、話をきちんと聞いてもらえる状況をつくって、まずは「感情のガス抜き」をするといい。誤解があってすれ違っているのなら、コミュニケーションを改善する努力をする。

厄介な「人の心の問題」に対処していくには、このように、認識、感情、コミュニケーションの三つのキーワードで考えるといい。人が絡むがゆえに起こる問題は、このいずれかに該当する。

忘れてはならないのは、そこには自分自身も含まれるということだ。自分の怒りや不満が合意の妨げになっていることも当然考えられる。

どんな人の認識もおそらく偏っていることはあるし、相手の話をきちんと聞かなかったり、コミュニケーション下手だったりするかもしれない。次に紹介するテクニックは、交渉相手にも自分自身にも応用することができる。

◆人がいう「事実関係」は当てになるか

時に、相手の考え方そのものがこちらとまったく違っていたりする。契約でも紛争でも、「立場の違いは考え方の違い」に他ならない。

二人の人間が争うとき、たいていは具体的な物や出来事が対象になる。時計がどちらのものか、交通事故の過失がどちらにあるかで争うわけだ。国同士の場合も同じで、モロッコとアルジェリアの亡命政府が西サハラの帰属をめぐって争ったり、インドとパキスタンがお互いの核開発でもめたりする。

このような問題では、争いの対象そのものの情報を得るのが重要だと思ってしまいがちだ。そこで、時計について調べたり、事故現場のタイヤ痕を調べたりする。国の紛争なら、西サハラに関する事実や、二つの国の核開発の詳細な経緯を調べ上げることになる。

しかし、実のところ対立の本質はそのような事実ではなく、「頭の中」にある。

立場の相違が生じるのは、お互いの頭の中で考えていることが異なるからだ。相手の頭の中に懸念があるとすれば、それが杞憂《きゆう》に過ぎなくても、こちらは誠実に向き合っていかなければならない。

絵に描いた餅にも戦争を起こす力はある。一方では、確かな事実が問題解決においてまるで無力なこともある。

どちらが時計を落とし、どちらが拾ったかという事実で双方が同意していても、所有権では見解が分かれるかもしれない。

走行距離五万キロのタイヤがパンクしたのが事故の原因だと立証されても、どちらが賠償するかで争いになることもある。

西サハラの歴史や地理をどんなに詳しく調べて文書にまとめたところで、領土をめぐる紛争解決の決め手にはならない。

核の問題も同じで、どちらがどんな爆弾をいつ開発したかを明らかにしても、インドとパキスタンの対立は解消しないだろう。

交渉で本当に問題となっているのは双方が事実をどのように認識しているかであって、その部分に目を向けることが答えに近づく第一歩となる。

◆相手のものの見方にどれだけ「一体化」できるか

ものの見方は、どこから見るかで変わってくる。私たちは、自分が見たいものしか目に入らないことが多い。

雑多な情報のうち、自分の認識に合致したものだけを選んで注意を向ける傾向があり、認識の修正を迫るような情報は無視したり、歪んだとらえ方をしたりする。交渉でも、双方が自分側の主張の理と相手側の主張の問題点にばかり目を向けるといったことになりかねない。

相手の視点で考えるといっても実際はなかなか大変だったりするが、これは交渉でもっとも重要なスキルの一つである。単に見方が違うという認識をもつだけではだめで、**相手の気持ちになってその視点のメリットを考え、こだわる心情に心から共感する必要がある。それができてはじめて、相手を変えられるようになる**のだ。

昆虫を図鑑で眺めるようなやり方ですませるのではなく、心の部分にまで入り込んでいかなければならない。その際には、相手のものの見方と完全に同化できるまで「正しい・正しくない」の判断は控える。相手はあなたと同じくらい、「自分こそが正しい」と思っているはずだからだ。

あなたがテーブルを見て、「おっ、コップに水が半分も残っているな」と思ったとしても、妻は「飲みかけの汚いコップが置きっぱなし！　マホガニーのテーブルに跡がついたらどうするの！」と思っているかもしれないのである。

契約更新の際の家賃交渉をする大家と借り主の認識にも、55ページのような違いがある。

相手の視点を理解しようとするときに、それに賛同する必要はない。

もちろん、相手の考え方への理解が深まった結果、こちらの見方が変わるケースもあるだろう。しかし、それはマイナスではなく、むしろプラスである。交渉の対立点が減るし、新しいものさしで自分の利益を高めていけるのだ。

◆「思い込み」の怖さ

私たちは他人に対して疑心暗鬼になり、意図を曲解しがちだ。以前、「ニューヨーク・タイムズ」紙にこんな話が載っていた。

「女性はバーで出会った男性に、車で送ってもらうことにした。男性は彼女の知らない道に入っていって、近道だからと説明した。

そのおかげでずいぶん早く家に着き、彼女は十時のニュースを観ることができた」

この話の結末にしっくりこないものを感じた人は、男性の意図に関して根拠のない懸念を抱き、それにもとづいて憶測をめぐらせてしまったからだろう。

相手の言動から、最悪のことを想定するクセが身についてしまっている人は多い。そういう憶測をしてしまうのはたいてい、凝り固まった自分の認識の枠組みでしか考えないからである。これには、危険を冒したくないという心理や、相手を貶《おとし》めることで他者を味方につけられるという思惑《おもわく》も働いている。

家賃の交渉――ものの見方はこんなに違う！

借り主の認識	大家の認識
●家賃はすでに高すぎる	●しばらく家賃を上げていない
●物価が上がっているからこれ以上は払えない	●物価が上がっているのでもっと家賃収入がほしい
●アパートは塗装が必要	●借り手のせいでかなり傷んでしまった
●このくらいのアパートならもっと安いところがある	●同じようなアパートでもっと高いところもある
●まだ若いので高い家賃は払えない	●若い人は騒音を出すし大切に住まない
●アパートの近所はさびれてきているので家賃を下げるべき	●周辺環境をよくするためにも家賃を上げるべき
●自分はペットも飼っていない理想的な借り手	●音楽をガンガンかけるから迷惑
●家賃は催促されたときに必ず払っている	●催促するまで絶対家賃を払わない
●大家は自分に関心がなく、生活ぶりを気遣ってくれたこともない	●自分は借り手のプライバシーを尊重する良識ある大家

しかし、そのように曇ったメガネで相手を見ていると、建設的なアイデアをとり込むことはできないし、お互いの微妙な変化を見逃したり、むげに退けたりしてしまうことにもなる。

また、人間は何か問題があるとすぐに他者のせいにしたくなる。

「おたくの会社はまったく信用できませんね。工場の発電機を直してもらっても、すぐにまた壊れるんだから」

このように非難したくなるのが人情である。相手に責任があると思っていればなおさらだ。しかし、たとえ非難が正当なものだったとしても、そう文句をいったからといって何かが得られることはめったにない。

攻撃されたほうは守りに入り、意固地《いこじ》に振る舞うようになる。話を聞かなくなったり、自分側の言い分で反撃しはじめたりする。相手を非難すれば、人と問題を切り離すことは極めて困難になってしまう。

交渉の対象となる問題について話すときは、問題の中身と相手をきっちり分けることだ。

「直していただいた発電機がまた壊れてしまいました。先月だけで三回目です。一回目は一週間も動きませんでした。発電機は工場のライフラインなのです。

故障リスクを最小限にするにはどうしたらいいか、ご教示いただけないでしょうか。メンテナンスを他社に切り替えたり、製造会社を訴えることも考えたりしたのですが、他の方法があるなら検討したいと思っています」

◆先進国の代表者たちが、なぜ交渉に失敗したか

認識のギャップに対処する一つの方法は、お互いの認識を明らかにし、一緒に検討することである。自分側の論理で非難することを避けて率直にその部分を話し合えば、理解が深まり、お互いに聞く耳をもてるようになる可能性がある。

合意に直接影響しないとみなした相手側の関心事は、交渉では軽視されがちだ。しかし、向こうが聞きたがっていることは、話せるかぎりにおいてきちんと伝えていったほうがよい。そのような態度は、交渉においてとりわけ有効だ。

国際海洋法会議における技術移転の交渉はその典型的な例だ。

一九七四年から八一年にかけ、約一五〇の国の代表がニューヨークとジュネーブに集まり、漁業権から深海底のマンガン採掘に至るまでの海洋利用に関するルールが話し合われた。

この交渉では、途中から発展途上国の代表者たちが技術交換に強い関心を示しはじめた。深海底の採掘のために先進工業国の進んだノウハウや装置を手に入れたいと考えたのである。アメリカをはじめとする先進国はこの要望に応じるのは苦もないと考え、最優先課題にはしなかった。

しかし、この件自体は確かに自分たちにとって重要ではなかったとしても、重要でないものとして扱ったのは大きな失敗だった。じっくりと時間を割いて技術移転の具体的手続きを話し合っていれば、発展途上国にとって先進国の提案はずっと魅力的で説得力のあるものになっていたかもしれないのだ。

むしろオマケとして後回しにしたことで、先進国は問題を安上がりに解決するチャンスを失った。優先課題にしていれば、途上国が大きな成果を得たと感じ、他の部分で合意しやすくなっていたかもしれないのである。

◆相手をいい意味で裏切る

人の認識を改めさせる一番いい方法は、その認識と異なる「意外なこと」をしてみせることかもしれない。

一九七七年にエジプトのサダト大統領がエルサレムを訪問した際に見せたのが、まさにそのような行動だった。当時イスラエル国民は、サダト大統領とエジプトを敵とみなしていた。四年前に奇襲攻撃を受けていたからである。

そこで大統領は、自分も和平を望んでいることを伝えて認識を改めてもらうため、飛行機で敵国の首都（といっても、イスラエルともっとも親しいアメリカでさえ、正式には首都と認めていないが）に乗り込んだ。

そして彼は、イスラエルの敵ではなくパートナーとして振る舞った。この意外な行動がなければ、一九七九年の両国の和平条約成立はおそらくありえなかっただろう。

結論を出す過程で相手を蚊帳《かや》の外に置いてしまうと、受け入れてもらえる可能性は低くなる。時間をかけてとことん調査し、対決する気満々で保険監督官のところに結論をもち込んでも、警戒されて拒絶されるといった結果になりかねない。

従業員に責任あるポストを与えても、事前に本人の意思を確かめてからでないと反発される恐れがある。**一〇〇パーセント賛成してもらえる確証のない結論を受け入れてもらうには、その結論を引き出すプロセスに相手を関わらせることが重要**なのだ。

ところが、これを実践する人はほとんどいない。難しい問題を抱えているとき、私たちは「最大の難関」を後回しにしがちである。

たとえば、先の保険監督官に対する陳情の例でも「話をする前に、準備万端整えておこう」と思う。

ところが実際には、ガチガチに固めてから話をもっていくよりは、監督官を改定案の検討作業に加えたほうが賛同してもらえる可能性は高い。そうすることで監督官も、苦労してまとめた規定をぶち壊しにされるわけではなく、「多少修正するだけだ」と納得できる。

南アフリカでは、人種隔離政策であるアパルトヘイトをめぐる戦いが五十年近く続いてきた。一九九四年の複数政党選挙でようやく終結を見ることになったが、それ以前にも白人穏健派が差別的な黒人通行制限法を廃止しようとしたことがある。彼らは、白人議員のみで構成される委員会でいくつかの提案を討議した。

しかし、この委員会でどんなに立派な提案が出てきたとしても、黒人に受け入れられる可能性は低かった。黒人たちがプロセスに参加していなかったからだ。それは彼らからしてみれば「優秀な白人であるわれわれが、お前たちの問題を解決してやる。さあ、俺たちの提案を受け入れろ」という態度にしか見えず、アパルトヘイトをもたらした元凶である「白人の責務」の発想から抜け出せていないことは最初から明らかだった。

たとえ相手が合意内容を有利だと思っても、蚊帳の外に置かれた不信感で拒絶することもあるのだ。自分もアイデアを出して貢献できたという意識をもてたほうが、合意はずっと成立しやすい。一緒に答えを探り、出てきたものをお互いが承認する作業を積み重ねることで、交渉プロセスは強化されていく。

相手に参加意識をもたせるには、早い段階でこの作業に関わらせることが重要だ。意見を積極的に聞き、組み込むことになったアイデアについてはできるだけ相手に花をもたせる。そうすることで、それらを形にしたいという気持ちが芽生えてくる。自分の手柄にしたいという気持ちもわいてくるだろうが、そこはぐっとこらえて実《じつ》をとろう。

プロセスに参加できたという意識は、合意に至る最大の要因の一つといっていい。ある意味、「プロセスそのものが合意」なのである。

◆本当の「面子の立て方」を理解しているか

「面子《めんつ》を立てる」という言葉には、やや見下したイメージがある。「あちらにも面子があるだろうから……」といえば、それは相手が気まずい思いをしないように手心を加えるという意味で、少々バカにしたふうにも聞こえるだろう。

しかし、本来はそんなものではなく、面子を意識することは極めて重要だ。交渉や話し合いでそれまでの言動や方針を修正することは、面子に関わる。だからこそ相手の面子を立てる必要があるのだ。

そのような配慮は司法のプロセスにも組み込まれている。裁判官が判決理由を述べるのは、自分と司法制度の面子を立てるためであり、原告被告双方の面子を立てるためである。単に「あなたの勝ち」「あなたの負け」ですませず、自分の判断が司法原則と法律と判例に沿ったものだと伝えることで、双方に配慮を示しつつ、恣意的だと見られることを避けているのである。これと同じように、交渉をする人間にとっても面子は重要なのだ。

交渉では、合意案そのものが受け入れられないからではなく、相手に屈したと思われたくない、あるいは思いたくないという理由で合意を渋るケースもしばしばある。

その場合は、公平な結果であることをアピールした書き方や内容にすれば、受け入れてもらえるものだ。

ある大都市に住むヒスパニック系住民と市側の話し合いで、市職員採用案が決まった。しかし、市長だけがその承認を拒んでいた。彼は、自分が書き直して公約を守った形にするなら、という条件で受け入れたのだが、こういったことが起こるのも、面子の問題が絡むからだ。

面子を立てるのは、交渉に立つ人間の方針や立場と、合意とのギャップを調整する作業であり、絶対に軽んじてはいけない。

◆「感情」を冷静に見極める

交渉では、言葉より感情が重要なポイントになることもある。シビアな交渉では特にそうで、共通の問題を一緒に解決しようという気持ちがそもそも双方になく、正面からぶつかり合うこともある。

大きな利害が絡んでいればプレッシャーも感じやすい。感情は感情を誘発するので、こちらがおどしていると相手が怒ったり、その逆のことが起こったりする。感情のせいで交渉が行き詰まったり、破談になったりするケースもある。

交渉中の自分を振り返ってみよう。緊張していないか、胃が締《し》めつけられていないか、相手に怒りを感じていないか。注意深く観察して自分の感情を見極めることだ。感じていることをノートに書くのもいい。緊張している、不安がある、怒っているといったことを書き出してから、理想的な感情――自信をもちたい、リラックスしたいといったことを書いてみるといいだろう。

忘れがちだが、相手も人間で、自分と同じように個人的な感情もあれば、不安や期待も抱いている。出世欲もあるだろうし、今回の交渉が極めて重要な意味をもっている可能性もある。感情的になってしまう分野や、自負を感じている部分もあるかもしれない。

交渉の場にいる人間だけでなく、背後の利害関係者にも感情はある。その関係者が、目の前の人間よりさらに近視眼的でけんか腰というケースもあるだろう。

お互いの感情がわかったら、原因を考えてみよう。自分はなぜ怒っているのか。相手がなぜ怒っているか。過去の遺恨の借りを返そうとしているのか。別の問題に対する感情が影響しているのか。家庭内のトラブルを抱えているせいか。

中東和平交渉では、イスラエルとパレスチナの双方が相手に脅威を感じ、それが大きな感情的わだかまりに発展している。そのことが、西岸の水資源の分配といった生活に直結した問題にまで影を落とし、話し合いによる解決が極めて困難になっている。民族としての生存がかかっているという意識があるため、他のあらゆることがそれに結びついてしまうのである。

◆その人の「関心」はいったいどこにあるのか

交渉者の感情の多くは、五つの基本的な「利益」から生じている。その五つとは、「自律性（自分に関することを自分で決めてコントロールしたい）」「価値理解（存在や価値を認められたい）」「つながり（仲間の一員になり、受け入れられたい）」「役割（有意義な目的をもちたい）」「ステータス（公平に見られ、評価されたい）」である。これらの関心事を踏みにじれば、相手に強いマイナスの感情を芽生えさせてしまいやすい。

逆に配慮すれば、信頼関係が生まれて一緒に解決を探っていく土壌をつくれるだろう。

自己像や自尊心といったアイデンティティ（自己認識）をおびやかす行動も、相手に強い負の感情を引き起こしてしまう。私たちは白か黒かといった両極端で物事をとらえがちだが、自己認識についても例外ではない。

「自分は優しい人間だ」「いい上司だ」などと思っているので、失敗や矛盾を指摘されるとムッとして身構えてしまう。

完璧な人間や矛盾のない人間などいない。しかし、それを認めることは潜在意識にとって苦痛であり不快であるため、自分の能力や魅力や公正さなどに関して認識と異なることをいわれると、心に葛藤が生まれて恐怖や怒りを感じてしまうのだ。

相手の様子がおかしいと感じたり、何かまずいことをいってしまったと感じたりしたときは、アイデンティティをおびやかす言動がなかったか、そういう態度に出られそうな印象を与えていないか振り返ってみることだ。**自分の心が乱れていると感じたときも、自分に対する認識を傷つけられたと感じていないか**自問してみよう。

◆「一本の赤いバラ」——それが結果を左右する！

相手側と自分側の感情をお互いに明らかにすることも大事だ。

「当方といたしましては、不当に扱われているという印象がありまして、合意に達しても守っていただけるという確証がもてません。心外だとおっしゃられるかもしれませんが、それが率直なところです。私個人は無用の心配ではないかとも思っているのですが、他の者がそのように感じています。御社の皆さんも同じようなお気持ちでしょうか」

このように、胸襟《きょうきん》を開いて話してみよう。お互いの感情にスポットを当てると、問題の深刻な部分が浮かび上がってくるだけでなく、売り言葉に買い言葉の事態を避けて、より前向きに話し合えるようになる。感情を表に出してしまえば、それだけ解決すべき問題に集中しやすくなる可能性が高い。

もう一つ、**怒りや不満などの負の感情に対処する効果的な方法の一つは、すべて吐き出してもらうこと**だ。人は耳を傾けてくれる相手に、話を聞いてもらうだけでも、気分はかなりすっきりするものだ。

会社でさんざんな一日を送り、帰宅して、パートナーにぶちまけようと思った矢先に「いわなくてもわかってるわ。どうせひどいことがあったんでしょ。そういう話はやめときましょう」などといわれたら、さらにストレスが溜まるはずだ。交渉に当たるときも同じで、感情のガス抜きさえできれば、その後は理性的に話しやすくなるのだ。

また、交渉の代表者は、〝ハード〟に振る舞ったほうが、人から信頼されるという理由でけんか腰になっていることもある。タフ・ネゴシエーターの評価を受ければ、合意しても批判される心配がないため、そういう意味でも都合がいいのだ。

相手が激しくいい募っているときは、さえぎったりせず、感情を抑えて嵐が過ぎるのを待つといい。相手側の関係者も臨席していれば、彼らのガス抜きも期待できる。つまり、相手が感情的になっている状況では、反論せずに静かに耳を傾け、ときどき先をうながしつつ、いいたいことがなくなるまでいわせるのがいいということだ。そうすれば、火に油を注ぐのを避けて、溜まっているものを吐露させることができ、怒りも再燃しにくくなる。

一方が感情をぶちまけたときに他方も同じように感情的に反応してしまうと、交渉は危うくなる。歯止めのない口げんかになってしまう可能性があるのだ。

そのような衝突を抑える効果的でユニークな方法を、一九五〇年代に人間関係委員会という組織が実践している。この委員会は当時、鉄鋼業界で増えていた労使紛争の火消しのために設立されたもので、委員には一度に一人しか怒りを示してはならないというルールが課せられていた。

このルールのおかげで、感情的な発言に反応する必要がなくなり、それと同時に感情を吐き出すこと自体も簡単になった。「今度は彼の番」と受け入れられるようになったのである。これは、おのおのに感情のコントロールをうながすことにもつながった。ルールを破れば、自制の利かない人間とみなされるだけだ。

また、女性とケンカをしたときに、機嫌を直してもらうには、一本の赤いバラを贈ることが効果的だということは、男性ならよくおわかりなのではないか。

このように、ほとんどコストをかけずに、インパクトのある行動で相手にプラスの感情を喚起できるケースは少なくない。相手を気づかう言葉をかけたり、謝罪の手紙を書いたり、お墓参りをしたり、お孫さんにささやかなプレゼントを送ったりするだけで関係が改善することもあるし、握手や抱擁を交わしたり、食事をともにしたりするだけでも、感情の対立が劇的に解消されることがある。

とりわけ謝罪は多くの場面で高い効果を発揮するので、自分に責任がないと感じていたり悪意がなかったりしても、形だけでも謝ることには意味がある。

謝罪はもっとも安上がりで効果の高い対策といえるかもしれない。

◆相手を引き込むコミュニケーションの鉄則

コミュニケーションのないところに交渉は成立しない。交渉は互いにコミュニケーションを交わしながら共通の結論を導き出す作業である。

その一方で、たとえ価値観を共有し、多くの時間をともに過ごしてきた間柄であっても、コミュニケーションがスムーズにいく保証はない。

三十年連れ添った夫婦でも毎日のようにすれ違いが起こるのだから、お互いをよく知らず、不信感や敵意を抱いている可能性のある相手同士ならなおさらだ。こちらのいったことが正確に伝わるケースはむしろ例外だということを、私たちは肝に銘《めい》じておかなければならない。


コミュニケーションの問題は、主に三つある。

第一に、交渉を行なっている者が、相手に向かって話しているとはかぎらないこと。表面上はそうしていても、理解してもらうことを期待していない可能性もある。相手に愛想を尽かし、真面目に話すことを放棄している場合がしばしばあるのだ。

そのようなケースでは、話している内容は第三者や背後の利害関係者に向けたアピールだったりする。お互いが納得のいく合意点を目指す代わりに、相手の足をすくおうとし、より建設的な方向に導く代わりに、他の人々を味方につけようとしたりするのである。

第二に、こちらがわかりやすく腹を割って話しているつもりでも、向こうが聞いていないこともある。これが二番目の問題だ。観察してみればわかるが、あなたが話しかけている相手はしばしばあなたの話に注意を払っていない。あなた自身も同じくらい、相手のいったことをくり返せないケースが多いだろう。

交渉の場では、次にいうことやどう切り返すかを考えるのに忙しく、相手の話が耳に入っていないことがある。相手側より、自分が代表している利害関係者に意識が向いている場合もあるだろう。そもそもあなたは彼らのために交渉しているのであり、いい結果を出す責任がある。だが、相手の話を聞かなければ、もちろんコミュニケーションは成立しない。

第三の問題は、受け止め方のズレである。一方がいったことが他方に正確に伝わらないことがあるのだ。同じ部屋の中で交渉していても、強風の中、のろしで連絡をとろうとしているような状況になることがある。言葉の壁があれば、誤解が生じる可能性はさらに高まる。

一九八〇年、イラン革命後に学生たちの人質になった複数の米外交官の解放交渉のために、国連のクルト・ワルトハイム事務総長が同国を訪問した。

そのとき、イランの国営ラジオとテレビがコメントをペルシャ語で直訳してしまったために難儀することになった。

テヘラン入りした彼は「mediator（調停者）として compromise（妥協案）を探るためにまいりました」といったのだが、mediator は、ペルシャ語では横から割り込む「介入者」の意味になる。

compromise も同様で、「信義にもとる」ことをする、といった悪い意味でしか使われないようだ。そのため放送から一時間と経たないうちに、事務総長の車は怒ったイラン人から石を投げつけられる羽目になったのである。

◆意見の「すれ違い」「平行線」はこう解決せよ

コミュニケーションにまつわるこの三つの問題を解決するにはどうすればいいのだろう。「聞くこと」が大切なのはいうまでもない。しかし、きちんと話に耳を傾けるのはなかなか難しい。交渉の場ではプレッシャーがかかる分、相手の話に集中するのは大変だ。しっかり聞くことができれば、相手がどんな認識をもってどんな感情を抱いているかがわかるし、伝えようとしていることも把握できる。また、そうやって意識的に聞くことは、話し手にもよい影響を与える。

こちらが真剣に耳を傾けて「それは、これこれこういうことと理解してよろしいでしょうか」などと質問や合いの手を挟《はさ》んでいけば、相手も形だけのやりとりではないと気づくだろう。話が通じているという満足感も覚えるはずだ。**「一番安上がりな譲歩は、あなたのお話**

を聞いていますよ、というアピール」といわれるゆえんである。

よく聞くための基本的なテクニックは、話の内容に注意を向け、疑問に思うことがあれば尋ねて誤解を徹底的になくし、理解があいまいだったり自信がなかったりするときは内容をもう一度くり返してもらうことである。

また、相手が話しているときはこちらの考えを差し挟まず、伝えようとしていることを正確に理解することに徹する。相手の側に立って、その認識や要望、置かれている立場を理解する必要がある。

世の中には、相手の言い分に理解を示さず、適当に聞き流したほうが有利に交渉を進められると考えている人が多いようだ。しかし、腕のいい交渉者はまったく逆のことをする。

内容に真剣に耳を傾け、理解していることを伝えていかないと、相手は話が通じていないと思うだろう。そうなれば、いくらあなたが別の見解を示しても、「自分のいっていることをわかってもらえていない」と感じ、どういえば伝わるかに意識が向かって、まともに聞くことなどできない。

そのような事態を避けるには「つまりこういうことでしょうか。あなたのお考えではこの件は……」といったように、こちらが理解していることを伝えていく。

受けとった内容を相手にくり返すときには、相手側の視点で肯定的に述べることを心がけ、ポイントを浮き彫りにするのだ。

「なるほど、よくわかりました。○○さんのおっしゃりたいポイントは、こういうことでしょうか」

このように理解を示すことは、同意することとは別だ。相手の言い分を完璧に理解した上で、まったく逆の見解を示すこともできる。ただし、こちらが一〇〇パーセント理解したことを納得させられないと、自分側の見解に耳を傾けてもらうのは難しくなる。

相手の主張をこちらの言葉でいい直した後は、問題点を指摘していってよい。相手以上に相手の主張をうまく説明した上で、反論を加えれば、話が伝わっていないと思われる可能性は低くなり、交渉内容について建設的な議論ができる可能性が高まる。

◆〝外野〟に振り回されない方法

交渉はディベートの場ではないし、裁判でもない。聴衆にアピールする必要もない。説得すべき相手は目の前の交渉者である。

あえて裁判にたとえるなら、二人の裁判官が共同で判決を考えるようなものだ。そのような場面を想像して、一緒に判決理由を考えているところを思い描いてみるといい。そうした状況で相手を非難したり声を張り上げたりしても、何の役にも立たない。むしろ見方に違いがあることを明らかにして、問題の解決のために力を合わせたほうがいい。

マスコミや国民、その他の外野の受け止め方は気になるし、プレッシャーにもなる。しかし、相手側と直接コミュニケーションをとる方法を覚えておけば、そのような第三者に振り回されにくい。また、出席する人数を限っておくだけでも、コミュニケーションの質はずいぶんよくなる。

一九五四年に行なわれたイタリアのトリエステをめぐる交渉では当初、ユーゴスラビア、イギリス、アメリカの話し合いがほとんど進展しなかった。ところが、三人の代表者が大人数の代表団メンバーを外して、私邸で非公式協議をはじめたときから、話が前に進みはじめた。ウッドロウ・ウィルソン大統領は「開かれた形で到達した開かれた盟約」が必要だと訴えたが、これを「閉じた形で到達した開かれた盟約」に変えれば、かなりの成果が期待できるはずだ。

交渉に何人関わっていたとしても、重要な決定は普通、一対一の関係において交わされるものなのだ。

◆「あなたは……」ではなく「私は……」という

交渉ではお互いが、相手の動機や意図だと思い込んでいることを長々と述べて批判してしまいがちだ。しかし、その問題が自分側に与えている影響にフォーカスして説明したほうが、相手を説得しやすい。

たとえば、「それでは約束が違う」ではなく「こういうことになって残念です」「差別だ」ではなく「これでは不公平だと感じています」といった表現にいい換えて、自分の心情を訴えていく。

相手が的外れだと感じるような批判は、無視されるか怒りを買うだけで、こちらの関心事には注意を向けてもらえない。一方、こちらがどう感じているかは否定や反論が難しいので、反発を恐れずに主張できる。その分、相手にも伝わりやすい。

また、「話しすぎる」ことが問題になることもある。**相手が感情的になったり、ひどく誤解していたりするときは、こちらは黙っていたほうがいい**こともある。

それに、どこまで譲れるかといった手の内をさらしすぎると、かえって合意にたどり着きにくなるケースもある。私があなたから車を買うときに、予算は二万ドルだと伝えたとしよう。それに対してあなたが「場合によっては一万五〇〇〇ドルで売ってもいい」などと口を滑らせたら、話が思わぬ方向に転がって、結局あなたは損をするかもしれない。

重要なことを口にするときは、それを伝えることでどんな影響があるかをはっきり把握しておくことだ。

ここまでで紹介してきた認識、感情、コミュニケーションに関するテクニックは、たいていの場面で役立てていただけると思う。

ただ、人の問題に対処する一番いい方法は、問題が起きないようにすることである。それには、人や組織同士の関係を、相手側といかに築くかが重要だ。それが軋轢《あつれき》のクッションとなってくれる。

◆フランクリンの「どんな人でも心を開かせる法」

相手側と個人的なつながりをつくるのは大きなメリットになる。

相手が〝交渉相手〟という抽象的な存在だと「何を考えているかわからない」と、疑心暗鬼になりやすいのだが、一方で、知っている相手ならそのようにカン繰らずにすむ。同じクラスの生徒や職場の同僚、友人、あるいは友人の友人でもいいが、個人的つながりをもった人間は、他人を相手にするのとはずいぶん違う。交渉相手とも、なるべく早い段階で知り合いになってしまえばスムーズだ。

相手のバックグラウンドも理解しやすいし、難しい交渉でもそれなりの信頼関係をベースに話を進めていける。コミュニケーションもしやすく、冗談や世間話を交えれば、緊張がほぐれる。

そのような関係を、ぜひ交渉前につくっておいてほしい。相手の情報を集め、好き嫌いなども把握しておこう。仕事抜きで会ってみるのもいいし、少し早めに交渉の場に出向いて、あるいは、終わった後に雑談したりするのもいいだろう。

ベンジャミン・フランクリンお得意の懐柔策は、相手に「本を借してくれないか」と頼むことだった。それで相手をもち上げ、貸しができたという気分にさせていたそうだ。

もし、目の前にいる相手を敵とみなしていると、人間関係と論点を切り離して考えるのは難しくなる。

交渉の議題をめぐって話していても、態度や行動のことを指摘されているように聞こえてしまい、個人攻撃と受けとられやすくなる。お互いが身構え、売り言葉に買い言葉の事態にもなりやすい。そうなれば相手側の利益を考える余裕もなくなる。

それよりも、お互いをパートナーとみなし、双方にフェアな合意地点を探っていくほうがずっと生産的だろう。

船が難破して二人きりで救命ボートに乗っている乗組員が、限られた食料や物資をめぐって争っているところを想像してもらいたい。交渉者も、そんなふうにお互いを敵とみなしていることがある。それでは相手はただの邪魔者ということになりかねない。だが、生き残りがかかっているとなれば、二人の乗組員も解決すべき問題に集中するだろう。

日陰、薬、水や食料といったお互いのニーズを明らかにし、それらを満たすことを共通の課題ととらえるはずだ。見張りや雨水の確保、漕ぎ役などの役割分担もフェアに考えるにちがいない。自分たちが同じ側の人間で、共通の問題にとり組んでいるという意識がもてれば、対立する利害を調整できるだけでなく、共通の利益も高めていける。

交渉も同じで、**たとえ難しい関係であったとしても、「一緒に解決していくべき共通の問題」というコンセンサスができれば、利害の折り合いをつけ、友好的に合意に到達できる可能性が高まる。**

敵対関係を横並びの関係に変えるには、相手側の問題をこちらから話題にするのも一つの方法だ。

「同じ弁護士同士ですよね。あなた方の要望を満たせないと、納得のいく合意にたどり着くのは難しくなります。もちろんその逆のこともいえるわけです。お互いの利益になるよう、結論を一緒に探っていきませんか」

「弁護士」の部分は「外交官」「事業家」「兄弟」など、状況に応じていい換えられる。

あるいは、同じ側に立つパートナーとしてとり組む姿勢を示し、相手にも協力したほうがよさそうだという心境になってもらうといいだろう。

実際に同じ側に座って話すのも効果的だ。テーブルには、必要な契約書や地図、メモ用紙などを置いておく。すでに信頼関係ができているのが理想的だが、そこまでいっていない間柄であっても、同じ側に座り、利害や認識の違いを乗り越えて、ともに解決に当たる姿勢を見せていこう。

しかし、一度そうしたからといって安心してはいけない。人間関係と問題の論点は、絡み合わないよう、何度も注意を払い続けていこう。

しなやかであり、ブレない強さ

企業組織の研究者であったメアリー・パーカー・フォレットが、図書館で争う二人の男性のたとえ話を紹介している。

一方は窓を開けたいが、一方は閉めたままにしておきたい。「ちょっとだけ」「半分」「四分の三」と、どれだけ開けるかでいい争っているが、水かけ論である。

そこに女性司書がやってくる。開けたがっているほうに理由を聞くと「空気を入れ換えたいから」といい、閉めたがっているほうは「風が入るのが嫌だから」という。司書はしばし考えたのちに隣の部屋の窓を全開にし、両者の言い分をかなえた。

この話のような状況は、交渉で実際によく見られるものである。双方の主張（合意条件）の対立が問題であるように思えて、それをすり合わせようとするため、〝条件〟のことばかり話してしまい、しばしば膠着《こうちゃく》状態に陥ってしまう。

司書も、「窓を開けるか・閉めるか」という条件にしか目が行かなければ、解決策は思いつかなかっただろう。しかし、彼女はそれぞれの男性が本当に求めていること、すなわち「空気を入れ換えたい」「風が入ってこないほうがいい」という〝利益〟の部分を考えた。このような〝条件〟と〝利益〟の区別は、とても重要である。

交渉で本当に話し合うべきなのは食い違っている主張や条件ではなく、お互いの利益——ニーズや要望、関心事である。

「隣にビルが建つようだ。けしからん」とか「家の売り主は三〇万ドルだといっているが、二五万ドル以上はビタ一文たりとも払う気はない」といった主張の本質は、

「業者は儲けることしか考えていないんだ。こっちは静かな環境が必要なのに」

「住宅ローンの支払いと新しい家の頭金に最低でも三〇万ドル必要だといわれても、こちらは家族に二五万ドル以内ですませるといってある」

といった関心事や要望の対立にほかならない。

これらは要するに、それぞれが求めている「利益」である。利益は私たちの行動の原動力であり、交渉で提示されている条件や主張の裏に必ず隠れている。こちらが交渉で相手に条件を提示するのは、そもそものような利益を確保したいからだ。

一九七八年のキャンプ・デービッド会談の結果エジプトとイスラエルの間で交わされた平和条約も、主張の裏にある利益に目を向けた成果である。

一九六七年の第三次中東戦争で、イスラエルはエジプトのシナイ半島を占領した。エジプトとイスラエルは十一年後に和平を協議する席についたが、はじめは主張が嚙み合わなかった。イスラエルがシナイ半島の一部の支配権を主張し、エジプトが完全返還にこだわったからである。

シナイ半島の境界線が何度も引き直されたが、どう引いたところでエジプトにとっては妥協であり、受け入れは論外であった。一方イスラエルとしても、一九六七年の状況に逆戻りすることは容認できなかった。

解決の突破口になったのは、和平の「条件」ではなく、お互いが本来求めている「利益」に注目したことだった。イスラエルが求めていた真の利益は「安全保障」であり、エジプトの戦車が国境に配備されて、侵略に脅え続けるのは避けたかった。

一方エジプトは、主権が侵害されている状況を解消したかった。シナイ半島はファラオの時代からの領土であり、ギリシア、ローマ帝国、オスマン帝国、フランス、イギリスなどの国々の占領を経て、ようやくとり戻したばかりだったのである。その土地を、一部であれ、また他国に奪われるなどというのは、受け入れがたいことだった。

エジプトのサダト大統領とイスラエルのベギン首相はキャンプ・デービッドで、半島を完全返還する一方でかなりの地域を非武装化するという和平案に合意した。これにより、エジプトは主権を回復し、イスラエルは安全保障を確保できることになった。

シナイ半島にエジプトの国旗がはためき、イスラエルの近くに戦車がなくなるという、両者の利益にかなう解決が実現したのである。

「条件」ではなく「利益」を調整するほうがうまくいく理由は二つある。一つは、どんな利益にも、満足のいく案というのは複数存在するからだ。

私たちは、目先にとらわれた「条件」を提示してしまいがちである。イスラエルがシナイ半島の一部を手放さないと主張したのはその典型例だ。

しかし、**対立している「条件」の背後にある「利益」に視点を移すと、自分だけでなく相手側の利益にもなる案が見つかることが多い。**シナイ半島の場合は「非武装化」がそれであった。

条件の妥協点を探る代わりに利益の調整に力を入れたほうがいいもう一つの理由は、対立している条件と直接結びついた利益以外にも、さまざまな利益を考慮できるからである。

◆家賃交渉――さあ、どうする

相手の条件が自分側と相容れないと、利益も相反すると思ってしまいやすい。たとえば「安全保障」という利益を求めている場合、その利益に反する「攻撃」が、相手の求めていることだと錯覚するのだ。

できるだけ安く部屋を借りたいと思っている場合、大家が望んでいるのはできるだけ高い家賃をとることだと思ってしまう。しかし、双方の利益をよく見てみると、対立している利害よりも共通の利益や、両立できる利益がたくさん存在しているものだ。

アパートの部屋を借りようとしている人と大家に、どんな共通の利益があるかを考えてみよう。

1 どちらも安定を望んでいる。大家は住み続けてくれる人を探しており、借り主は落ち着いて住める場所が欲しい。

2 どちらもアパートをよい状態に保ちたい。借り主はそこに住む。大家は建物の価値や評判を高めたいと思っている。

3 どちらも良好な関係を望んでいる。大家はきちんと家賃を支払ってもらいたい。借り主は修繕が必要になったときにしっかり対応してほしい。

また、利害の中には完全に相容れないわけではなく、ただ異なっているだけというものもある。

1 借り主はアレルギーがあるので自分で壁の塗り替えをしたくない。大家はすべての部屋の塗装費用は負担したくない。

2 大家は一カ月分の家賃を先にもらっておきたい。できれば明日までに欲しい。借り主はアパートには満足しているが、家賃をいつ払うかには関心がない。

こういった共通の利益と異なる利害に目を向ければ、意見の食い違いも解決しやすそうである。長期入居の契約を結ぶ、修繕費の分担についてとり決める、いい関係を結ぶために相手の要望にはできるだけ応えるという約束をすれば、共通の利益については解決しそうである。

異なる利害については、明日までにひと月分を支払う代わりに大家が壁を塗る、ただしペンキ代は借り主もち、といった妥協案が考えられるだろう。その上で、アパートの賃貸料の相場を参考にして家賃を相談すれば、ずっと話がまとまりやすいはずだ。

◆条件をどう見ればいいか

条件の裏にある利益に目を向けるのがよいのはわかっていても、それはどうすればわかるのだろうか。交渉では具体的な条件が提示されることはあっても、相手の利益は知らされなかったり、実体が見えにくかったりする。それに、一貫性がないケースもありがちだ。自分と相手の利益を明らかにしていくことがとても重要だという認識のもと、それらをうまく見極めていく方法はあるだろうか。

まず、オーソドックスな方法の一つは、**相手の身になって考えることだ。それぞれの条件について「なぜこの条件を提示しているのか」を考えてみよう。**

大家はなぜ、五年契約なのに一年単位で家賃を設定したがっているのか。その理由は、物価の上昇に対応したいからかもしれない。そのようにして出てきた答えは、相手の利益の一つである可能性が高い。推測する代わりに本人に直接聞いてみてもよい。その際には、正当な根拠があるか問い詰めようというのではなく、ニーズや要望を知りたいだけだと伝えること。

「大家さん、契約期間が最長三年というのはどうしてでしょう。何か気になさっていることがあるのでしょうか」というふうに聞いてみるといい。

◆「無茶な要求」の裏側に……

こちらの基本的な要望を相手がどのようにとらえているかを見極め、なぜ相手がそこから外れた条件を提示しているのかを考えるのもよい。

相手には相手なりに、無茶な要求をすることで得られる利益があるはずだ。相手の考えを変えたければ、まずその考えを知る必要がある。

一九八〇年にアメリカとイランの間で行なわれた人質解放交渉で考えてみよう。イラン革命後、武装した学生がテヘランで五十二人の米外交官と大使館員を人質にとって立てこもった。

亡命した元国王ががん治療のためにアメリカ入りしたことに反発しての行為だったが、学生たちが起こしたこの事件は国際的な非難を浴びた。アメリカは制裁に踏み切ってイランの銀行口座を凍結し、それらの資産に対する民事訴訟にゴーサインを与えている。ところが、イラン国内では一部の国民から学生たちが英雄視され、保守派は穏健な議員を排除するために政治利用しようと考えた。

事件によってもたらされた対立には、解決を阻害する深刻な障害がいくつもあったが、学生リーダーの選択肢を考えることで問題の本質が見えてくる。アメリカ側の要求は「人質解放」という明快なものであった。一方、一九八〇年代の大部分の時期に学生リーダーたちがとり得た選択を表にすると、91ページの図のようになる。

学生リーダーの選択肢が実際にこのようなものだった場合、人質をなかなか解放しなかったのも納得がいく。大使館員の拘束自体は許しがたい行為であるが、学生側から見れば、解放をじりじりと引き延ばして、より有利な機会を待つことは、それなりに理にかなっていたのである。

まず考えるべきポイントは「問題になっているのが誰の意思決定か」である。二番目のポイントは「こちらが何を望んでいるとその人物が考えているか」である。この答えが出てこないときは、実際にこちらの要望が理解されておらず、そのためにあなたの求めている対応がなされていない可能性がある。

次に、あなたが求めている対応をした場合としなかった場合、それぞれどのような結果になると相手が予想しているかを分析する。その際には、次のようなチェックリストをつくって考えると便利だ。

本人の利益に与える影響

・政治的な支持を得られるか、失うか
・仲間に批判されるか、賞賛されるか

代表している集団の利益に与える影響

・短期的、長期的にそれぞれどのような影響があるか
・経済、政治、法律、心理、軍事面でどんな影響があるか
・外部の支持者や世論への影響はどうか
・いい前例になるか、悪い前例となるか
・もっとよい方法があったと後悔する事態にならないか
・原理原則に合致しているか。正しいことか

イランの学生たちのジレンマ
「アメリカ人の人質を今すぐ解放すべきか」

	マイナスの側面 / プラスの側面	プラスの側面 / マイナスの側面
解放した場合	**マイナスの側面** ● 革命の理念に背を向けたことになる。 ● 親米だと批判される。 ● 他の仲間から反対される可能性が高く、リーダーの座を追われるかもしれない。 ● この国が弱腰だと思われる。 ● アメリカに屈することになる。 ● 成果はゼロ（元国王の身柄は引き渡されず金も入らない）。 ● アメリカの反応は予測不能。 ● 普通の学生に逆戻り。	**プラスの側面** ● 経済制裁が解除されるかもしれない。 ● 他国との関係、特に欧州諸国との関係が改善する可能性あり。
解放しなかった場合	**プラスの側面** ● 革命の理念を守ったことになる。 ● イスラムの擁護者として賞賛される。 ● 仲間の結束が保たれる。 ● テレビがわれわれの怒りを大々的に報じてくれる。 ● 気骨のある国だと思われる。 ● アメリカに強い姿勢を貫ける。 ● 何らかの実益を得られるかもしれない（少なくとも資金凍結は解除される可能性あり）。 ● 人質がいるからアメリカも無茶はできない。 ● 政治のキープレイヤーとしての存在感が増す。 ● アメリカが資金凍結や経済制裁の解除、不干渉の約束などの譲歩をしてくる可能性もある。 ● 人質の解放はいつでもできる。	**マイナスの側面** ● 経済制裁は確実に続く。 ● 他国との関係、特に欧州諸国との関係が悪化する。 ● インフレなどの経済問題は解消しない。 ● アメリカが軍事行動に出る可能性もある（ただし殉教者として死ぬのはこの上ない名誉）。

・先延ばしにしても大丈夫か

分析はあまり厳密にしないほうがいい。そもそも相手側がメリット（プラスの側面）とデメリット（マイナスの側面）を表にしていることはめったにないし、人の選択に関することなので、数学の計算のようにきっちりやっておく必要もない。

◆相手を「十把《じっぱ》ひとからげ」にしない

交渉ではほぼ例外なく、双方に複数の利益が存在している。たとえばあなたが家を借りるときは、なるべく少ない労力と時間と有利な条件で、かつ、大家との良好な関係を維持したいと思うだろう。

また、合意の内容だけでなく、それをきちんと実現したいと思うし、個人的利益と共通の利益の両方で成果を得たいと思うはずだ。

交渉の分析で犯しやすい間違いの一つは、相手側全員の利益が同じだと思い込んでしまうことであるが、現実にはそのようなケースはまずない。

ベトナム戦争が行なわれていた一九六〇年代、リンドン・ジョンソン大統領は北ベトナムの政府関係者とベトコン、旧ソ連と中国の顧問たちを、まとめて「やつ」と呼んでいた。「アメリカを怒らせたらただではすまないということを〝やつ〟にわからせる必要がある。侵略が割に合わないと〝やつ〟に思い知らせるべきだ」といった具合である。

〝やつ〟であれ〝やつら〟であれ、関わっている人々や集団の利益に違いがあるということをわかっておかないと、合意をとりつけるのは難しいだろう。

交渉を一対一のイメージでとらえればわかりやすいこともあるが、目の前の人間以外にも関わりや影響力をもつ人間や集団が存在することを忘れてはいけない。

ある野球選手の年俸交渉で、ゼネラルマネージャーが五〇万ドルは多すぎると主張した。他球団では同じレベルの選手が最低でもそれくらいもらっていたが、マネージャーは球団オーナーから、実は財政が逼迫《ひっぱく》しているが表沙汰にしたくない、とにかくこの額に抑えてくれと釘《くぎ》を刺されていた。そのため、不当だとわかっていながらその条件にこだわったのである。

雇い主、顧客、従業員、同僚、家族、配偶者——交渉の相手が誰であれ、背後にはその人物が意識している何らかの利害関係者が存在するものだ。相手側の利益を見極めるときには、それぞれがさまざまな利益を背負っているという事情をくみとらないといけない。

◆問題を〝他人事〟として扱うな

提示された条件や主張の裏にある根本的な利益を見極めたいときは、人々の基本的な欲求に目を向けるといい。こういった欲求を満たすことができれば、合意の可能性も高まり、合意内容をきちんと実行してもらえる確率も高くなる。

・安全、安心
・経済的豊かさ
・つながり
・認知
・自律

これらは基本的な欲求であるにもかかわらず、見過ごされる傾向にある。交渉ではしばしば、利害はお金だけだと考えてしまいがちだ。けれども、離婚後の扶養料など金銭絡みの交渉であっても、実際にはさまざまな利益が関係している。

配偶者が週に一〇〇〇ドルの扶養料を求めているのは、もちろん豊かに暮らしたいというこどもあるだろうが、それ以外にも理由があるかもしれない。精神的な安心感を得たいのかもしれないし、対等の人間として認知されて公平な扱いを受けたいと思っている可能性もある。


その場合、相手側に週一〇〇〇ドル払う余裕がなく、実際はそこまでの額は必要でなかったとしても、それらの欲求が満たされないかぎり減額に応じないだろう。

これは組織や国の場合でも同じだ。基本的欲求が踏みにじられようとしているとどちらかが感じていれば、交渉の進展は期待できない。

天然ガスをめぐるアメリカとメキシコの交渉では、アメリカの石油会社連合とメキシコ側が価格引き上げの合意に達したが、アメリカのエネルギー長官は安く手に入れることしか考えておらず、これを承認しなかった。メキシコは当時アメリカ以外に買い手がなかったので、値下げに応じるだろうと踏んだのである。

しかし、メキシコ側の関心は価格だけではなかった。対等な国として扱ってもらいたいという強い思いもあったのである。そのため、またしてもアメリカに足元を見られたと思って憤慨し、ガスを売るかわりに燃やしはじめた。この政治的確執の結果、利益をうまく調整して安価に輸入できる可能性は完全に絶たれてしまった。

北アイルランドの交渉でも同様のことが起こっている。キリスト教の新教（プロテスタント）の指導者たちは旧教（カトリック）の指導者たちの「認知」と「つながり」の欲求――自分たちを対等の存在とみなし、受け入れて相応に扱ってほしいという感情にあまり目を向けてこなかった。

一方、旧教指導者たちのほうも、新教指導者たちの安全欲求を軽視しているように見える場面がしばしばあった。本来、きちんと配慮すべきであった懸念を「彼らの問題」で片づけてしまったせいで、和解がますます遠のいている。

◆お互いの利益を整理するリスト

お互いのさまざまな利益を整理するには、思いついた端からリストにしていくといい。備忘録になるだけでなく、新しい情報に照らし合わせて内容を修正したり、重要度を考えたりするのに役立つ。それらの利益を満足させるためのアイデアもわきやすい。

また、コミュニケーションで考えをきちんと伝えていくほど、望んでいる目的が達成される可能性は高くなる。相手はあなたがどんな利益に関心をもっているかに気づいていないかもしれず、こちらも相手の利益が見えていないかもしれない。どちらか（あるいは双方）が過去のうらみを引きずり、将来に目を向けていないこともありうる。お互いが聞く耳をもっていないケースもある。条件をめぐって双方が一歩も譲らないような事態を避け、利益について建設的に話し合っていくにはどうすればよいのだろう。

話し合いで自分側の利益を考慮に入れてもらいたければ、それをはっきり伝えることだ。近所の建設工事に反対する住民は「子どもの安全を確保したい」「安眠を妨害されたくない」といった具体的な要望を伝えたほうがいい。

作家が著作を大量に無償配布したいなら、出版社と腹を割って話すことだ。この場合、出版社にも「宣伝」という共通の利益があるので、割引価格で提供してもらえるかもしれない。

◆相手に「重大さ」をわからせる方法

胃潰瘍《いかいよう》で強烈な痛みを感じているのに、病院で「ちょっと胃が痛くて……」などと説明すれば、まともな治療は期待できない。自分の利益の重要性や正当性を相手に理解させるためには、責任をもってハッキリと伝えなければならない。

その際のポイントの一つは、具体的に説明することだ。話している内容の信憑性《しんぴょう》がそれだけ増すし、強く印象づけることもできる。

「先週だけで子どもが三回も御社のトラックにひかれかけています。火曜の朝の八時半には赤い大型ダンプカーがロレッタ・ジョンソンという七歳の女の子をひきかけました。時速六〇キロで北に向かっているときで、急ハンドルでかろうじてよけましたが、危ないところでした」

本気でその利益に関心をもっていることは、どんどんアピールしてかまわない。ただし、相手側の利益の正当性や重要性を軽視している印象を抱かせないかぎりにおいては。

また「間違っている部分があったらご指摘ください」と断っておくと、相手の言い分に聞く耳をもっているとわかってもらえる。指摘がなければ、こちらの説明した状況に異論がないと見ていいだろう。

相手にこちらの利益を認識してもらうためにやるべきことの一つは、その利益が正当なものだと納得してもらうことだ。批判しているわけではなく、配慮されてしかるべき問題に目を向けてもらいたいのだとわかってもらおう。同じ立場なら同じことを思うはずだという気持ちにさせなければならない。

「○○さんはお子さんはいらっしゃいますか。あなたの家の前をしょっちゅうダンプカーが時速六〇キロで走っていたらどう思われますか」

ともすれば、自分の利益にばかり目が行ってしまい、相手側の利益には無関心になりがちだが、大切なのは、「この人はわれわれのことをよく理解してくれている」という印象を相手にもたせることだ。そのような人物には、知的で思いやりがある人というイメージを抱きやすく、この人の話なら聞いてみようかという気持ちになりやすい。自分の利益に目を向けてもらいたいなら、まずこちらから、相手の利益をわかっていることを伝えよう。

「○○さんのお立場としては、少ない費用で短期間に仕事を終わらせて、安全な工事をする会社だという評判を維持されたいわけですよね。違っていたらおっしゃってください。もし、他にも何か重要視されていることがあればご教示ください」

相手側の利益を認識しているだけでなく、それを問題の一部ととらえて配慮する意思を示すことも重要だ。その際には共通の利益をもち出すと、そのような意思があることを理解してもらいやすくなる。

「御社のトラックに子どもがひかれたら、お互い大変なことになりますよね」

ここで、建設会社の代表者に「工事現場のまわりに四十八時間以内にフェンスを設置してください。あなたの会社にはその義務があります。それにトラックがオーク通りを通るときの速度を今すぐ二〇キロに制限してください。なぜこんなことを申し上げるかといいますと……」などと切り出せば、その先を聞いてもらえるはずがない。

向こうはあなたが話している間に、提示された条件に反論する方法を必死に考えるはずだ。しかも、あなたの要求や態度にカチンと来ている可能性も高い。その結果、条件の裏にある言い分は素通りしてしまうことになる。

言い分に耳を傾けてもらいたければ、最初に自分の関心事（利益）と、それに配慮してもらう根拠を述べてから、最後に結論なり提案なりを示すことだ。小さい子どもが危ない目に遭っているということや、毎日騒音で眠れないといった事実をまず伝えれば、どんな結論をいうのかと気になる心理も手伝って、真剣に耳を傾けてもらえる。そしてあなたが結論を述べたときには、理由はすでに明らかになっているわけだ。

◆「過去の話」ではなく「これからの話」だ！

私たちは驚くほど単純に相手の言動に反応してしまう。表面上は交渉しているように見えても、何の話し合いにもなっていないことが多い。

意見が食い違う論点について言葉を交わし、合意を探っているようで、実際には形式的な議論に終始していたり、単に言い合いを楽しんでいるだけだったりする。

お互いが相手をやり込めることや、相手に抱き続けてきたイメージの補強材料を探すことしか考えていないことも多い。合意などどうでもよく、そもそも相手を説得する気すらないこともある。

議論をしている人に理由を聞けば、たいていは議論の目的ではなく、原因がわかるだけである。夫婦げんかでも、労使紛争でも、事業者間の交渉でも、相手の言動に機械的に反応しているだけのことが多い。

そもそもの目的が長期的な利益を達成することにあるという事実を忘れ、「向こうの態度は許せない。私をコケにしたらただではすまないことを思い知らせてやる」といった考えしか頭になかったりする。


議論をしているときは、頭の中で「なぜ」と問いかけながら考えるものだ。その場合、目を向けるポイントは二つある。

一つは「原因」。原因に目を向けた場合、行動は、過去の出来事の結果という因果関係でとらえることができる。

もう一つは「目的」。こちらに目を向ければ、行動は意思で自由に決められるという立場になる。前者は意識が過去に向かい、後者は未来に向いている。

ただし、行動を考えるときに、人間に自由意思があるのか、すべて因果関係で決まっているのかといった哲学的議論に立ち入る必要はない。自由意思があるにせよ、あるように振舞っているだけで本当は何もかも決まっているにせよ、私たちは行動に対するスタンスを選択できる。過去にこだわるか、将来に目を向けるかを選べるのだ。

過去のことを議論するより将来の可能性を論じたほうが、望んでいる利益は達成しやすい。

前期のコストが高すぎるとか、昨日の業績や結果が予想を下回ったといった過去のことを論じるかわりに、「これからどうしたいか」を話し合うことだ。**昨日の行動のいい・悪いを問い詰めるより、明日、誰が何をできるかを考えよう。**

◆それでは交渉の場に「手ぶら」で行くようなもの

交渉では、最終ゴールを視野に入れつつ、新しく出てきたアイデアにも柔軟に対応していくのが理想である。ところが多くの人は、着地点を考えるという作業が面倒で、手ぶらで交渉の場に臨み、相手の要求や提案が出てから、どうするかを考えてしまう。

利益を明らかにできたら、それらにもとづいて具体的な合意の選択肢（合意案）を考えておこう。合意案がいくつかに絞られても、よりよい利益のために変更する可能性も視野に入れておくこと。具体的な合意案を考えるには、「明日合意が得られるとしたら、どのような内容にしたいか」と自問してみるといい。

いずれの案もあくまで合意の〝例〟ということにしておけば、変更も簡単にできる。「具体例」をキーワードに、複数のパターンを考えていこう。

駆け引き型の交渉者のように、最初にふっかけたりしなくても、こちらの利益が余裕をもって確保できる具体的な提案をすればよいのだ。

たとえばスポーツ選手の契約交渉をするエージェントなら、「〇〇選手が実力に見合った報酬として考えている目安は、年俸五百万ドルです。生活設計のために五年程度の契約を確保したいといっています」などと切り出せばいい。

ただし、こちらの利益にもとづく、最低でも一つ以上の具体的な合意の選択肢を携えて交渉に臨むことは大切だが、あくまでも固執しないこと。それがかしこい交渉者の態度である。

◆カギになるのは「条件」ではなく「利益」

自分の利益を主張するときは、筋金入りのハード派が条件を主張するのと同じくらい強い態度でかまわない。むしろ、そうしたハードな態度であることが望ましい。**条件にこだわるのは問題だが、利益にはとことんこだわるべきだ**。交渉で攻撃的にいくべき部分があるとすれば、まさにここである。

交渉相手のほうも利益を多くしたいと思っていて、合意の可能性についてはかなり楽観的になっているはずだ。そのような状況では多くの場合、自分の利益をきちんと主張することによってのみ、相手側の負担を最小限に抑えてこちらの利益を最大限確保することができるのだ。

お互いが自分たちの利益を高めようと真剣に話し合えば、アイデアもわきやすく、双方に利益となる結果を導きやすい。

物価上昇の影響をまともに受ける建設会社は、コストを抑えることや、期限までに工事を終わらせることこそが重要な利益だと思っているかもしれない。場合によっては、そうした本音を意識的に引き出していくことも必要だ。お互いに腹を割って話せば、会社の利益と子どもの安全をうまく調整できる解決策が見つかるかもしれない。

その際に、穏便に解決したいという誘惑に負けて、確保すべき利益で妥協するのは禁物だ。「フェンスの費用より、息子の命が安いとはおっしゃらないでしょう？　ご自分のお子さんでしたらどうでしょうか。私は○○さんを信じておりますから、一緒に解決策を考えていただけませんか」といった形で、しっかり立場を訴えていこう。

このとき、非難めいた印象を本人に与えてしまうと、守りに入って耳を傾けてもらえなくなる可能性がある。それを避けるためにも、問題と人はきちんと分けて考えよう。

相手への非難にならないように話し方に気をつけながら、交渉のテーマにとり組むのだ。そのような配慮からさらに一歩踏み込んで、積極的に相手の側に立つ姿勢を示していくとよい。

言い分にきちんと耳を傾け、敬意を示し、わざわざ時間を割いてくれていることに感謝の気持ちを述べよう。相手側の基本的要求に配慮していることも、しっかり伝えていきたい。問題にしているのはあくまで交渉のテーマだということを、言葉や態度できちんと理解してもらうことだ。

このときのポイントの一つは、交渉で解決すべき問題に対するのと同じくらいの熱意で、相手側への配慮を示していくことである。これは一見、相反することのように思えるかもしれない。実際心理的には矛盾しているのだが、そうであるからこそ、うまくいく。心理学の有名な概念である「認知的不協和」が働くからだ。
「認知的不協和」とは、心に矛盾を抱えている人が、その矛盾を解消しようとするという考え方である。

この場合は、建設会社の代表者に、近所をトラックが猛スピードで走っているという問題の解決をうながしつつ、相手の立場にも積極的に配慮を示すことで、本人の心に認知的不協和を生み出していく。その結果、相手の中に、問題と自分を切り離して一緒に解決を図ろうという気持ちが起こってくるのだ。

問題に強気でとり組めば、それだけ効果がある。その一方で、相手への配慮を忘れなければ、人間関係がよくなり、合意に達しやすくなる。この、**強気な姿勢と、相手への配慮の組み合わせが、交渉を成功させるカギ**だ。どちらか一方だけではいけない。

お互いにとっての「最高の解決法」はここにある

シナイ半島の領有をめぐるイスラエルとエジプトの争いは、交渉における大きな問題を浮き彫りにしている一方で、それを解決する重要なヒントも示唆《しさ》している。

こういった問題は多くの交渉に共通していて、双方が満足するパイの切り方は存在しないように思えてしまうのである。

多くの交渉は、領土の分割や車の価格、アパートの契約期間、販売手数料など、一見一つのことを争っているように見える。あるいは、自分か相手のどちらかに偏った形でしか決着しないように思える。たとえば、離婚協議の場合では、家や子どもの親権を両方が手に入れることはできない。いわば勝つか負けるかの状況だが、どちらも負けることに同意したりはしない。

仮に交渉で勝って、車を一万五〇〇〇ドルという割安価格で購入できたり、アパートに五年住む権利を獲得したり、家と子どもの両方を手に入れたとしても、相手のうらみを買うと思うと後味が悪い。これらの交渉では、選択肢がほとんどないように思えてしまう。

しかし、シナイ半島の事例を見れば、問題を打開するヒントが見えてくる。このとき出てきた半島の非武装化のような創造的なアイデアが見つかれば、対立を乗り越えて合意に至れることが多いのである。

知り合いのある弁護士は、自分がビジネスで成功できたのは依頼人と相手側の利益になる解決策を考え出す能力のおかげだといっている。彼はパイを切り分ける前に、パイの大きさを広げることを考えるのだ。この能力は、交渉でもっとも有用なスキルの一つである。

ところが、現実には「オレンジを分ける子ども」と同じ結果になってしまう。

これは、二人の子どもがオレンジを半分に分けたが、一人は実を食べて皮を捨て、もう一人は実を捨てて皮を残し、ケーキをつくった――という寓話だ。

交渉者の多くもさまざまな可能性を考えず、合意に至れるのにもの別れに終わったり、双方の利益をもっと増やせるのに残念な合意をしてしまったりする。

片方がまるまる実をとって片方が皮をとれるにもかかわらず、ただ真っ二つに割ってしまうケースが圧倒的に多いのだ。なぜそんなことになってしまうのだろう。

それは、さまざまな合意の選択肢を考えることが大切なのに、ほとんどの人はその重要性を認識していないからだ。

議論においてはたいていの人が自分の考えこそ正しいと思い込み、その考えを通すことにこだわる。契約の交渉も同じで、自分の提示した条件こそがベストだと信じ、価格を少しいじるくらいですんなり採用されるべきだと考える。

相手の条件と自分の条件を結ぶライン上でしか折り合えないと思い込み、唯一出てきた創造的なアイデアが「ただの折衷案《せっちゅう》」だったりする。

交渉でさまざまな選択肢を考えるのを阻害する要因は、主に四つある。①アイデアの切り捨て、②単独の答えを探してしまうこと、③パイの大きさが固定だという思い込み、④相手の問題は相手自身が解決するべきだという考え、である。

これらの問題に対処するには、それぞれの問題がどのようなものか知っておく必要がある。

① アイデアの切り捨て

普通は、わざわざいろいろな合意の可能性を考えようとは思わない。交渉のようにプレッシャーのかかる場でなくても、ユニークなアイデアというのは出にくいものだ。

ノーベル平和賞にもっともふさわしい人物を挙げろといわれたら、名前が浮かんでくるだろうが、すぐに違うかもしれないという考えがわいてくるはずだ。本当にふさわしいといい切れるのかと考えているうちに、行き詰まってしまうか、「ローマ法王」や「アメリカの大統領」などのお決まりの人物に落ち着くかもしれない。

問題点を探そうとする批判意識ほど、アイデアを考える邪魔になるものはない。自由な発想を抑え込んでしまうのだ。

交渉前はとりわけ緊張が高まっているので、アイデアに対する批判意識も強まりがちだ。もっと現実的に考えるべきで、突拍子もないことを考えていてはダメだと思ってしまうのである。

交渉相手の批判意識も、創造性のブレーキになることがある。あなたが上司と来年の給料について相談していて、四〇〇〇ドル上げてほしいといったとしよう。それに対して上司は一五〇〇ドルと切り返し、あなたはそれでは納得がいかないと食い下がる。

このように精神的に張り詰めた状況では、自由な発想で解決策を考えるのは難しい。昇給を半分にして残りの半分を何かの特別手当の形でもらう、といった思いつきのような案を口にすれば、恥をかくかもしれない。

上司に「おいおい、本気でいっているのか。会社がそんなことを認めるわけがないだろう。君はもうちょっと、ものわかりのいいやつかと思っていたが……」などといわれる可能性もある。

段階的に昇給してもらえばいいかもしれないとひらめいて提案すれば、上司はその前提で交渉してかまわないと受けとるかもしれない。どんな案を口にしてもそれをこちらの正式な条件だととられかねないので、ためらわれてしまう。

また、あれこれ選択肢を示すことで相手に余計な情報を与えてしまい、立場が危うくなるのではないかと心配にもなる。

たとえば、「家を買うつもりなのですが、会社に補助していただくことは可能でしょうか」などと上司にいえば、「家を買うつもりだとすると、コイツはおいそれと転職できないはずだ。昇給額はそんなに高くなくてもいいだろう」と、足元を見られかねない。

② 単独の答えを探してしまう

ほとんどの人の頭には、交渉のためにアイデアを出そうという発想はない。必要なのは条件の差を埋めることで、合意の選択肢を広げるべきだとは考えないのである。

「ただでさえ苦労して交渉しているのに、選択を増やすなんてとんでもない」というのが多くの人の本音だ。交渉で最終的にたどり着くのは単独の結論だし、自由な議論をしてもとりとめがなくなって時間だけ延びるのがオチだと思ってしまうのである。

アイデアを性急に切り捨ててしまうことと同様に、結論を急いでしまうことも創造的思考の妨げになる。最初から一つの回答にたどり着こうとすると、多くの可能性の中から一番いいものを選びとるという、優れた意思決定プロセスを無視してしまうことになる。

③「パイの大きさは決まっている」という思い込み

交渉の場に優れた選択肢が出てきにくい三つ目の理由は、交渉の対象になっているものを奪い合うしかないと双方が思い込んでいることにある。

交渉の多くは、一見「ゼロサムゲーム」のように見えてしまう。車の売買で「相手が一〇〇ドル得すれば、自分は一〇〇ドル損する」と思ってしまうのだ。合意の可能性など最初から見えているし、相手を喜ばせれば自分が損をするだけだ、わざわざアイデアを考えて何になる、というわけである。

④相手の問題は相手自身が解決するべきだという考え

最後の要因は、お互い自分の目先の利益にしか関心がないという事実である。交渉で自分側の利益を達成したければ、相手側の利益にもかなった結論を考え出さないといけない。ところが実際には、自分の利益に感情的にこだわってしまい、双方の利益を満たす方法を冷静に考えるのが難しい。

「自分のことを考えるので手一杯。向こうのことは向こうが考えればいい」となってしまうのだ。

また、交渉では、相手側の言い分を認めたくないという心理も働きやすい。相手を満足させる方法を考えるのはシャクだと感じてしまうのである。しかし、自分の利益しか考えない近視眼的態度からは、偏った条件や議論、一方的な結論しか生まれてこない。

こういった心理的な障害を乗り越え、合意の選択肢を考えていくには、どうすればいいだろうか。

◆交渉の枠組みを広げる「アイデア会議」

「物事に対する判断」は自由な発想の邪魔になるので、創造性を発揮する作業と、批判の目をもって何かを判断する作業は切り離したほうがいい。可能性を考えることと、その選別をすることをはっきり分けるのだ。まずはとにかくどんどんアイデアを出し、後で判断するクセをつけよう。

交渉では、アイデアの大半を自分で考える必要がある。これは簡単なことではない。アイデアを出すというのはそもそも、その時点で頭にないことを考え出す行為である。したがって、数人の同僚や友人とアイデア会議を開いたり、「ブレインストーミング」をしたりする習慣をつけてもいい。そうすることで、「可能性を探る作業」と「判断する作業」を効果的に分離できる。

ブレインストーミングは、目の前の問題解決につながるアイデアをできるだけたくさん出す作業だ。これには一つの鉄則がある。

アイデアを出している段階では、決して批判や評価をしてはならない。是非や実現性を考えずに、ひたすらアイデアを出していくのである。それにより、一つのアイデアが呼び水となって別のアイデアがどんどんわいてくる。爆竹が連鎖的に爆発していくところを思い浮かべるとわかりやすいだろう。

ブレインストーミングでは大胆なアイデアを出すことが奨励されているので、恥をかくことを心配する必要もない。また、交渉相手が目の前にいないので、余計な情報を与えてしまったり、思いつきの案を正式な表明と受けとられる恐れもない。

ブレインストーミングに正しいやり方は存在しない。ニーズや事情に合わせて自由にアレンジしてよい。その際には、次のようなことに注意しよう。

ブレインストーミングの前

1 目的を明らかにする

終わったときにどんな成果を手にしたいか。

2 参加者を絞る

お互いの刺激になる人を確保しつつ、全員の参加と自由な発想がうながされる数に絞るのがよい。通常は五～八人程度が理想だ。

3 いつもと違う環境で

できるだけ通常の会議とは違う場所、時間を選ぶこと。「特別な場」という雰囲気があるほど、「判断したい気持ち」にブレーキがかかりやすくなる。

4 ざっくばらんな雰囲気づくり

参加者をリラックスさせる方法を考えよう。飲みながら話したり、景色のいい場所で行なったり、カジュアルな服装で、お互い肩書きなしで「○○さん」と呼び合ったりするのもいい。

5 進行役を決める

脱線を避け、基本ルールを守らせながら全員が発言できるよう、気配りする人物を決めておこう。そのつど疑問を投げかけて、議論をうながすことも進行役の役目だ。

ブレインストーミング中

1　参加者を向かい合わせに座らせない

環境を変えれば、意識も変わってくる。物理的に同じ側に座ることで、共通の問題に一緒に立ち向かおうという気持ちになる。向かい合う座り方だと、相手の言葉が自分自身に向けられたように感じやすく、議論や言い合いになりやすい。半円形にいすを並べて同じ側に座り、目の前にスクリーンやホワイトボードを置くと、そこに書いてあるテーマに集中しやすくなる。

2　基本ルールをきちんと説明する

全員が顔見知りでなければ、はじめに自己紹介をし、次いで基本ルールを周知させる。特に、否定的な発言はいかなるものであれ、禁止すると釘を刺しておくこと。批判・反論をしないということは、必ず基本ルールに含めておく。

発想というのは前提となる考えに縛られがちなので、みんなで一緒に考えるとさまざまなアイデアが浮かんできやすい。

全員が認めないアイデアはボツということになると、全員に受け入れられるものを考えようということになってしまうが、まったく実現性のないアイデアも含めて大胆な発想を出していくことが奨励されていれば、それらのアイデアを土台にしてそれまで誰も思いつかなかった実現可能なアイデアが出てくることがある。

批判を禁じることの他に、すべてをオフレコにして、自分の発言やアイデアの責任を負わなくていいようにすると、さらなる効果が期待できる。

3 どんどんアイデアを出していく

ブレインストーミングの目的を周知させたら、自由な発想で考えよう。あらゆる角度からアプローチし、できるだけたくさんアイデアを集めることを目標にしよう。

4 全員に見えるようにアイデアを書き出す

出てきたアイデアをホワイトボードやフリップチャートに書いていくと、みんなで考えた成果を実感できる。「批判や判断をしない」というルールを再認識させるのにも役立つし、重複した案が出にくくなり、他のアイデアの呼び水にもなる。

ブレインストーミングの後

1 これぞというアイデアをピックアップする

批判をしないというルールを緩め、アイデアをより分けていこう。この段階では一つには決めず、さらに検討する価値のあるアイデアをみんなでピックアップする。それらの案に印《しるし》をつけていこう。

2 有望案を改善するアイデアを出す

一つずつとり上げて、より現実的で優れた案に練り上げていく。実行する際の具体的な方法についても考えていく。できるだけ魅力的にすることが目標だ。建設的に批判するのはかまわない。その際には「このアイデアのいいところは……」と利点を挙げてから、改善点を提案するとよい。

3 アイデアを評価して絞り込む

グループを解散する前に、厳選した改良案のリストをまとめ、交渉でどれをどのような形で提案していくかを検討する。この作業にはある程度の時間を確保すること。

相手側とのブレインストーミング

自分たちだけで行なう場合に比べて難しい部分があるが、相手側とブレインストーミングをすると大きな成果が得られることがある。難しい部分というのは、ルールを決めておいても自分側の利益を損なう発言が出てきかねないことだ。本来漏らすべきでない情報を不用意に口にしたり、合意の選択肢の一つとして出したものを合意条件の提示だと思われてしまったりするリスクがある。

それでも、交渉相手と一緒にブレインストーミングをすれば、関係者全員の利益をとり込んだアイデアをつくり出せたり、ともに問題を解決していくという空気づくりができたり、お互いの関心事を認識できたりなどの点で大きなメリットがある。

合同ブレインストーミングのリスクから身を守る方法の一つは、あくまでオフレコとし、交渉の本番と切り離すことだ。話し合いというと、合意のためのものだと思ってしまう人が多いので、そのことをはっきり宣言する必要がある。

こちらの案を正式な発表だと思われる恐れを減らすため、少なくとも二つの案を同時に示すことを習慣にするといい。その際には、合意する気のない案を提示してもかまわない。「いろいろパターンがありそうですね。家をただでお譲りする、百万ドルを現金でお支払いいただく――というのは冗談ですが……」などと切り出せば、あくまで仮定の話だと理解してもらえる。

合同ブレインストーミングの進行を理解してもらうため、地元の労働組合の幹部たちが炭鉱会社の経営陣と話をする場面を想定してみよう。

議題は、一日ないし二日の日程で行なわれる違法ストライキを減らすにはどうすればいいか、である。参加者は双方から五名ずつの計十名。全員がホワイトボードと向き合う形でテーブルについている。中立の進行役がアイデアの提案をうながし、ホワイトボードに書き留めていく。

進行役「では、違法ストライキの対策について、皆さんのご意見をうかがっていきます。五分間でアイデアを十件集めることを目標にしましょう。まずはトムさんからどうぞ」

トム（組合側）「監督が組合員の不満にその場で対処すればいいと思います」

進行役「いいですね。書きました。ジムさんが手を挙げていますね、どうぞ」

ジム（経営側）「組合員は事前に監督に問題を伝えるべきです。それをしないで……」

トム（組合側）「伝えてますよ。でも、聞く耳をもってもらえないんです」

進行役「トムさん、問題点の指摘はまだお控えください。アイデアを出しているときは批判しないというルールでしたね。ジェリーさんのお考えはどうでしょう。何かアイデアがありそうですね」

ジェリー（組合側）「ストライキの対象となるような問題が出てきたときは、組合員がシャワールームの建屋ですぐに会議を開けるようにするべきです」

ロジャー（経営側）「シャワールームを組合の会議場にするというのは、われわれの側で話し合って許可できるかもしれない。監督を交えずに組合員だけで話せるよう、ドアを締め切るのもありかな」

キャロル（経営側）「問題が起きたときは、まず組合幹部と経営側で話し合って、それからでなければストライキをしてはいけない、というルールにするのはどうですか」

ジェリー（組合側）「不満への対応をスピードアップさせてはどうでしょう。監督と不満のある組合員の間で話がつかないときは、二十四時間以内に組合幹部と経営側の話し合いを行なうというのは？」

カレン（組合側）「そうね。それと、組合員と監督が一緒に問題解決をしていくための、トレーニング・プログラムを実施したらどうかしら」

フィル（組合側）「いい仕事をした人間がちゃんとねぎらわれるようにしてほしい」

ジョン（経営側）「組合員と経営陣の関係をよくするべきだと思います」

進行役「それはいいアイデアかもしれませんね、ジョンさん。もう少し具体的にお願いできますか」

ジョン（経営側）「そうですね、たとえば、お互いにソフトボールのチームをつくるのはどうかな」

トム（組合側）「ボーリングのチームも」

ロジャー（経営側）「毎年、家族ぐるみのピクニックを企画したらどうだろう」

こんな感じでアイデアを出していく。アイデアの多くはブレインストーミング以外では出てきそうにないもので、一部は実際に違法ストを減らす効果もありそうだ。この話し合いに費やした時間は、交渉の中でとりわけ有意義なものになるはずである。

合同ブレインストーミングをやるかどうかはともかく、さまざまな選択肢（合意案）を考える作業と、それらを判断する作業を分けることは、どんな交渉においても大変大きな効果を発揮する。

さまざまな可能性を考えることは、条件に固執するのとは大きな差がある。条件がお互いにぶつかり合うのに対し、案のほうは連鎖的に広がっていくのである。話す内容自体にも違いがあり、閉鎖的な主張ではなく柔軟な問いかけが多くなる。

「一つは……という案です。他にどんな案があるでしょうか」「この点で合意できたらどうなりますか」「こうしてみてはいかがでしょう」「これはうまくいくと思いますか」「どこに問題があるでしょうか」といった具合だ。

このようにさまざまな可能性を考えてから判断することを徹底しよう。

◆その道のプロほど他人の意見をよく聞く

ブレインストーミングでは、参加者が基本ルールのとおりにやろうとしていても、「解決策」を出すことに意識が向いてしまいやすい。まず、無数の可能性の中から「これ」というものを見つけようとしてしまうのだ。

しかし、とにかく案を出していく段階では、アイデアは一つに絞るべきではない。交渉の可能性を広げるのが目的なので、さまざまなアイデアを一定数確保する必要がある。その後、双方がそれらを叩き台にして話し合い、最終的に一つに絞っていく。

高級ワインをつくる人は、多種多様な品種の中からワインに使うぶどうを選定するだろう。大物を獲得したいスポーツチームも、スカウトを使って地域リーグや大学チームを津々浦々探し回るものだ。

交渉でも同じことをする必要がある。ワインづくりであれ、選手獲得であれ、交渉であれ、ベストの意思決定のカギとなるのは、いかに豊富な選択肢を考え出せるかである。

たとえば、今年のノーベル平和賞にふさわしい人物を挙げろといわれたら、「ちょっと考えさせてよ」といってから、いろいろな人物を頭の中で百名ほどリストアップしてみることだ。外交、経済、報道、宗教、法曹、農業、政治、学問、医学、その他の分野から、常識に縛られずにいろいろな名前を思い浮かべるといい。そうすれば、最初から一人に絞り込むよりずっといい答えが見つかる。

ブレインストーミングを行なえば、みんなのクリエイティブ思考を触発することができる。

そこで次に必要になってくるのは、一定の方法で問題について考え、建設的な答えを出していくことだ。

◆複雑な問題を「視覚化」させる効果

さまざまな選択肢を考える作業には、「四つの思考」が役に立つ。

一つ目は、現実における具体的問題の見極め——家のすぐそばを流れる川が汚染されていて、悪臭を放っているといった、あなたが不満に思っている現状を考えることだ。

二つ目は、事象分析——現在の状況を論理的に考える作業で、問題を構成している事実を整理し、原因を推定してみるのだ。

たとえば、川の水にさまざまな化学物質が高濃度で含まれていたり、酸素不足になっていたりする事実があれば、上流にある工場のうちどれかに原因があるかもしれない。

三つ目の思考も論理的視点で考える作業だが、ここでは対策の可能性を検討する。

分析結果にもとづいて、問題を解決するための方法——たとえば、川への汚水流出や用水を減らす、他の川からきれいな水を引いてくるといったことを考える。

最後の思考ではまた現実に戻り、具体的で実現性のある行動を検討する。思いついた解決策のどれかを実行するには、明日、誰が何をすればいいだろう、と考えるのだ。

この場合は、州の環境課から工場に、化学物質の流出量を制限するよう指示してもらうといった対策が考えられる。

127ページのチャートを見てほしい。このチャートに書かれた順番に思考を進めていけば、最終的に出てきた具体的な行動を実行することで、問題解決ができる。

このチャートを使うと、一つの案から別の案を生み出しやすくなる。実用的な行動案が何か見つかっていれば、そこからたどって基盤となっている論理的アプローチを明らかにすることもできる（自分ひとりでやってもいいし、ブレインストーミングをして、みんなで考えてもいい）。

その後、その理論的アプローチを、現実に落とし込む別の行動案を探すといい。さらに一つ遡《さかのぼ》って「この理論的アプローチが有用だとしたら、どのような原因分析にもとづいているのだろう」と考えることもできる。そして分析の部分が明らかになれば、問題に対する他のアプローチを考え出せる。それらの新たなアプローチにもとづいて、さらなる具体的行動を見つけていけるわけだ。つまり、現実的で優れた選択肢が一つあれば、その根っこにある理論を考えることで、選択肢をどんどん増やしていけるのである。

実際の例で考えるとわかりやすいかもしれない。

一九八〇年代、北アイルランド紛争の解決のために一つの案が出された。旧教側（カトリック）と新教側（プロテスタント）の教師が合同で、お互いの小学校向けに北アイルランド史のワークブックをつくるというプロジェクトだ。

ワークブックは実際に完成し、一九九〇年代に教材として使われている。この本には北アイルランドの歴史に対する異なった見方が併記され、子どもたちが相手側の立場で考えるロールプレイのエクササイズが盛り込まれていた。

その後、この具体的行動の理論的根拠が検討され、提案されたアプローチからさらなる実用的な行動案が考え出されていった。アプローチについては、こんな意見が出ている。

「お互いの学校のカリキュラムに共通の授業を組み込むべきだ」

「カトリックとプロテスタントが協力して実行できる、小規模プロジェクトをどんどん進めていくべきです」

「子どもたちがまだ小さいうちに相互理解を育む必要がある」

「お互いの偏った認識が浮き彫りになる形で、歴史を教えていかないといけない」

そして、これらのアプローチにもとづき、具体的な行動案が検討され、北アイルランド史を旧教側と新教側それぞれの視点でとらえた映画の共同制作、教師の交換プログラム、共通

「どんな選択肢があるか」――4つのステップで考える

	現実	理論
何が問題か	**ステップ1――問題** ● 問題は何か ● その問題を構成する具体的事実は ● 理想型を考えたときに不満を感じる部分はどこか	**ステップ2――分析** ● 問題を分析する（事実を整理する） ● 原因を推定する ● さまざまな徴候はどうか ● なされるべきなのになされていないことは何か ● 問題解決の障害を明らかにする
どんな対策があるか	**ステップ4――行動** ● どんな行動が考えられるか ● 問題解決に至る具体的なステップは	**ステップ3――アプローチ** ● 考えられる戦略や対策は何か ● 理論的にどのような解決法が考えられるか ● 一般的にどういう対策があるか

の授業内容をお互いの学校で教える——などのアイデアが生み出されていった。

◆自分が「経済評論家」だったらどういうか

複数の選択肢を考え出すもう一つの方法は、異なる職業や専門分野の視点で問題を眺めてみることである。

たとえば、子どもの養育権でもめているのなら、自分が教師、銀行員、精神科医、人権弁護士、聖職者、栄養士、医師、女性活動家、スポーツ監督、その他のさまざまな専門家になったつもりで考えてみる。

ビジネスであれば、銀行員や投資家、労組幹部、不動産投資家、株の仲買人、経済評論家、税理士、さらには社会主義者などの視点で眺め、合意案を考えてみるといい。

異なる専門家の視点を、先ほどのチャートに当てはめることもできる。それぞれの専門家は、状況をどのように分析し、どのようなアプローチを提案するだろう。そして、どんな行動をすればいいというだろうか。

◆可能性の〝ものさし〟を設定する

相手が応じない場合に備えて、より「控えめ」なバージョンも考えておくと、それだけ合意案のバリエーションが増える。具体的な条件の部分では同意が無理でも、手続きについては同意してもらえるかもしれない。

たとえば靴のメーカーと卸売り業者の交渉では、傷物の送料をどちらがもつかで合意できなくても、仲裁人に判断してもらうという合意は可能かもしれない。同様に、恒久的合意が無理でも、暫定的合意は実現できることもある。正式な合意ができなかった場合も、合意できていないという二次的な合意ができれば、埋もれがちな論点をお互いに認識できるだろう。

ある程度の緩《ゆる》みをもたせた案をつくるには、次のようなキーワードで考えてみるといい。

強い	弱い
内容	手続き
恒久的	暫定的
包括的	部分的

最終的　原則的
無条件　条件つき
拘束的　非拘束的
正式　二次的

強度の他に、範囲を変えることもできる。交渉の対象になっている問題を、扱いやすいように分割することもその一つだ。

たとえば、自費出版を考えている本の編集を、編集者に依頼するとき。

「とりあえず最初の一章を三〇〇ドルで編集していただいて、残りについてはあらためてご相談するというのはいかがでしょう」などと提案してみる。

こうした「部分的な」合意以外にも、当事者の人数を減らす、ある特定の事項を選び出す、地域を限定する、有効期間を設定する、などが考えられる。

逆に範囲を広げることを考えてもいい。合意をより魅力的なものにするために交渉内容に加えられることはないだろうか。

インドとパキスタンがインダス川の水をめぐって争っていた問題は、世界銀行が話し合いに加わったことで解決しやすくなった。世銀の支援を受けるため、双方の利益になる灌漑《かんがい》事業や貯水ダム建設などの土木事業を新たに考慮しはじめたからだ。

問題解決を阻む三番目の要因は、パイの大きさが固定だという思い込みである。

相手に損をさせるほど、こちらが得をすると思いがちだが、そのようなケースはまれだ。そもそも合意できなければ、今以上に状態は悪くなりかねない。チェスは一見ゼロサムゲームで、どちらかが負けてどちらかが勝つと思われている。しかし、勝負がつく前に犬が通りかかってテーブルを引っくり返し、飲んでいたビールもこぼれてしまえば、両者とも負けた以上に悲惨なことになる。

このような〝両損〟を回避することがお互いの利益になるのはもちろん、ほとんどの交渉では、それ以外の利益を追求できる余地が必ずある。

◆買わせたい店主と値切りたい客――共通の利益はどこにあるか

理屈で考えれば、共通の利益が合意に寄与することは明白である。そのような利益をかなえるアイデアを思いつけば、自分側にも相手側にも有益なのはいうまでもない。

しかし現実には、なかなかそんな意識はもちにくい。価格交渉をしているときにはそれが見えにくかったり、考えてもあまり意味がないように思えたりする。双方の利益を探すことで、実際どんな得があるのだろう。具体的な例で考えてみよう。

たとえば、あなたは精油所の所長だったとする。名前はタウンゼント石油とでもしておく。あなたは工場があるペイジビル市の市長から「年に二〇〇万ドルの税金を、倍の四〇〇万ドルに引き上げたい」と告げられた。

これに対してあなたは、「今の額で十分でしょう」と反論する。向こうはもっと欲しい、こちらは現状を維持したいというわけで、まさに決裂している。この交渉はさまざまな意味でごく典型的なものだが、共通の利益を考えることで何が変わるのだろう。

まずは市長が望んでいることを分析してみよう。市長は税収を増やしたいと考えている。公共サービスにお金が必要なのはもちろん、市民会館を建て直す資金にしたり、市民の税負担を減らしたりすることを考えているのかもしれない。

しかし、現在と将来の予算を全部この会社に頼ることは不可能である。向かいの石油化学工場も当てにできるだろうし、今後新しい企業が誕生したり既存の企業が事業を拡大したりすれば、それらも税収につながるだろう。市長自身が実業家出身なので、市の産業を発展させ、他企業を呼び込んで、雇用増加や経済活性化を進めていきたいとも考えているはずだ。

一方、こちらの利益はどうだろう。精油所の設備が老朽化しており、精油技術も日進月歩で進化しているので、工場の大規模な改修を考えている。ついでに拡張もしたいが、拡張後に精油所の資産評価が見直され、課税額が増える可能性があるのが気がかりだ。また、製品を活用しやすいように近くにプラスチック工場の誘致を働きかけてきたのに、増税が実施されることになれば先方が二の足を踏みかねない。

このように分析してみると、市長とこちらの共通の利益が見えてくる。どちらも、産業の発展や企業の呼び込みに関心をもっているようだ。とすれば、その共通の目標に注目することで、いくつかアイデアが浮かんできそうである。たとえば、新事業には七年間の税免除を与える、商工会議所と共同で企業誘致キャンペーンを展開する、拡張を決めた既存事業には減税措置をとる。これらのアイデアを実施すれば、あなたの懐も痛まず、市も財源を拡充できるかもしれない。

一方、会社と市の関係が悪化すれば、双方が損をすることになる。あなたは市の慈善事業や学校のスポーツ活動への寄付を減らすかもしれず、市側は建築基準などの条例を異常な厳しさで適用しはじめるかもしれない。

市政幹部や産業担当者とあなたの個人的な関係にもヒビが入る可能性がある。こうした人間関係は空気のように扱われたり看過されたりしやすいが、実際には個々の案件の結果よりも重要であることが多い。

交渉をするときは基本的に、相手も満足できる結論を目指すべきだ。買い物に来た客に「ぼったくられた！」と思わせてしまえば、それは店主にとっても損だ。その客は二度と来ないだろうし、店の評判も下がりかねない。相手に何も得るものがない合意よりは、相手に配慮した合意のほうが自分も得をする。

共通の利益に関しては、次の三点を覚えておくといいだろう。

一つは、交渉では、例外なく「共通の利益」が潜在しているということ。双方にとって利益になることが最初から見えているとはかぎらない。次のように自問してみよう。

「関係を維持することはお互いの利益になるか」「協力して双方の利益を追求することで、どんな可能性が開けるか」「交渉が決裂したらどんなデメリットがあるか」「適正な価格など、双方が尊重できる共通の基準はないか」

二つ目は、共通の利益はあくまできっかけに過ぎず、黙っていても実現されるわけではないということ。機会があっても行動しなければ意味がない。共通の利益を明らかにしたら、その達成を正式に共通目標にするのもいいだろう。将来を見据え、具体化するのである。

あなたがタウンゼント石油の精油所長だった場合、今後三年間で新事業を五つ誘致する目標を市長と一緒に設定することができるかもしれない。そうなれば、新事業の免税は市長にとって譲歩ではなく、共通の目標を達成するための行動になる。

三つ目は、共通の利益にフォーカスすることで交渉がよりスムーズになり、友好的に話を進められるということ。限られた食料しかない状態で救命ボートに乗って大海原を漂っている乗客も、陸を目指すという共通の利益を認識していれば、まずはその利益を優先させるだろう。

◆あなたは一つのオレンジをどう分けるか

オレンジをめぐって争う子どもたちの話を思い出してもらいたい。オレンジを手に入れることしか頭にない二人は、片方が実を食べてもう片方が皮をケーキに使えばいいことに気づかず、真っ二つに割ってしまった。

このケースのように、求めているものが異なっているときは、お互いが満足できる合意が見つかるケースが多い。これは考えてみると、目からウロコである。私たちは、**当事者の立**

場の違いのせいで問題が起こっていると考えがちだが、違うからこそ解決に至れることもある。

合意の多くは、合意の成り立っていないところから生まれてくる。事実に関する合意がなければ合意に至れないと考えるのは、株の買い手が売り手に「この株は絶対値上がりするから私に売ってくれ」と訴えるのと同じくらい理不尽なことだ。

株が上がるということで両者が合意すれば、売り手はおそらく手放さない。売買が成立するのは、買い手が上がると思い、売り手が下がると思うからである。見解が異なるからこそ、取り引きが成立するのだ。

実際、画期的な合意の多くは、このような〝違い〟の調整の発想にもとづいている。対象物に対する見解や、得られる利益に差があれば、相手側の負担をできるだけ抑えつつ、大きな利益を得られる可能性があるのだ。童謡にもこんな歌詞がある。

ジャック・スプラット脂がダメで
奥さん赤身が食べられない
だから二人で一緒に食べて
皿まできれいになめました

このような〝違い〟で、交渉においてうまく噛み合わせられる可能性が高いのは、「利益」「見解」「時間の価値観」「見通し」「リスク」などである。

利益の違い――利益の違いを探しやすいように、よくあるパターンのいくつかをチェックリストにしてみたので参考にしてみてほしい。

一方の関心事	他方の関心事
外形	実質
経済的側面	政治的側面
内的側面	外的側面
象徴的側面	現実的側面
短期的利益	長期的利益
今回の成果	相手との関係
物質的利益	理念
進歩	伝統

先例主義　　自由主義
評判・威信　　結果
政治的利得　　集団利益

見解の違い――見解に相違があるときは、それを利用できる。お互い自分の見解を信じていて勝てる自信があるなら、中立的な仲裁人に裁定してもらうことで合意できるかもしれない。たとえば、組合幹部の二つの派閥が賃金ベースアップの条件で食い違っていても、組合投票にかけることでは一致できるだろう。

時間の価値観の違い――あなたが現在に関心をもち、相手側が将来に関心をもっている場合もある。これは経済用語を使って「将来価値に対する割引率設定の差」といい換えることもできる。

ローンの支払いはこの考え方にもとづいている。車の購入なら、長期返済でよければ高い金額を払ってもいいと客が思い、高く売れるなら支払いが延びてもいいと売り手が思っているため、交渉が成立するのだ。

見通しの違い――旬を過ぎたスター選手と、有名チームの年俸交渉では、選手がたくさん勝てる自信があっても、オーナーはそう思っていないかもしれない。このギャップに注目すれば、年俸は控え目にし、チームがプレーオフに出られたら多額のボーナスを払うという条件で合意できるかもしれない。

リスク意識の違い――リスクに対する意識の違いも利用できる場合がある。国際海洋法の協議で浮上した深海底採掘の問題で考えてみよう。

公海の海底から鉱物資源を掘り出す権利のために、掘削《くっさく》企業はどれだけお金を払うべきだろうか。掘削企業にとっては、巨額の利益を得ることよりも巨額の損失を避けることのほうが重要だ。深海底の採掘事業には莫大な投資が必要なので、リスクはできるだけ減らしたい。一方、世界の国々は利益分配に関心がある。どこかの会社が〝人類共通の遺産〟で大儲けしようとしているなら十分な分け前が欲しいところだ。

この差を利用すれば、双方に利益となる解決にたどり着ける可能性が出てくる。収益とリスクの取り引きをすればいいのだ。たとえば、採掘企業が投資額を回収できるまで、すなわちリスクが高い間は租鉱料《そこう》を控えめにし、リスクが低くなってから大きく引き上げればいい。

◆AかBか選ばせる質問を

利益の違いをうまく噛み合わせる方法の一つは、こちらが受け入れ可能な、同程度の価値がある選択肢（合意案）をいくつか考え、その中からベストと思うものを選んでもらうことである。この時点では必ずしも同意してもらう必要はない。

とりあえずこれが一番という案が判明すれば、それを発展させてさらなるバリエーションを考え、また選んでもらおう。こうすれば、意思決定を先送りにして合意案を練り込み、お互いの利益を最大限に高められる。

スター選手のエージェントなら、チームのオーナーにこんなふうに聞くこともできる。

「年俸八七五万ドルの四年契約と、一〇〇〇万ドルの三年契約では、どちらがいいですか。後者のほう？　なるほど、では年俸七五〇万ドルの三年契約で、チームのＭＶＰに選ばれるかチームが優勝した場合に一〇〇〇万ドルのボーナスというパターンはどうでしょう」

異なる利益を噛み合わせるコツをひと言でいうなら**「自分側の負担が少なくて相手側に大きな利益をもたらす条件と、その逆の条件を組み合わせる行為」**ということになるだろう。

利益、優先度、見解、見通し、リスク意識などの違いが両者にあれば、それらを噛み合わせられる可能性がある。交渉者にとって「〝違い〟とは歓迎すべきこと」なのである。

◆相手の決断をうながす絶妙のタイミング

交渉の成否は、自分の望んでいる決断（意思決定）を相手側にさせられるかどうかにかかっている。だとすれば、できるだけそのような決断がしやすいように配慮したほうがいい。迷いや混乱を誘うような条件を並べたりせず、選択の負担を最大限減らしてやることだ。たいていの人は、自分側の主張の理にばかり目が行ってしまい、相手の利益を盛り込んで改良していくことに考えも及ばない。この近視眼的な思考から抜け出すには、相手の立場に身を置いてみることだ。相手にとって魅力的な案を示せなければ、交渉は決裂してしまう。

誰の立場を考えるか——説得しようとしている相手は目の前の人間の場合もあれば、後ろに控えている上司や委員会、その他の意思決定組織のこともあるだろう。いずれにしても、交渉相手があなたの頭の中でぼんやりとした抽象的な存在であるとすれば、まともな交渉はできない。

相手が「保険会社」なら、会社に決断させようとするより、査定人に有利な査定をしてもらうことに力を注いだほうがいい。相手側のバックグラウンドがどんなに複雑そうに思えるときでも、一人の人間（通常は目の前の交渉者）に的を絞り、その人間の視点で問題を眺めてみると、相手側の事情が把握しやすくなる。

一人に的を絞っても、複雑な意思決定プロセスを無視することにはならない。むしろ、そのプロセスにおける交渉者の立場を理解することで、大きな交渉に対処しているのである。そのような視点に立つと、交渉で自分が果たす役目もおのずと変わってくる。

相手の立場をサポートしたり、背後にいる人々の説得に役立つ視点を提供したりといったことが重要になってくるのだ。あるイギリスの大使は自分の仕事を「相手側の人間が新しい指示を与えてもらえるように助けていくこと」といっていた。目の前の交渉者の立場を心から思いやれば、どのような問題を抱えていて、どのような案があればそれらをクリアできるかといったことも見えてくる。

何を決断させるか——相手が認識している選択肢を本人視点で分析することで、望んでいる利益が明らかになるということは、すでにお話ししたとおりだ。

ここで目指すのは、その利益に配慮しつつ、相手の態度を変えて自分の望む決断をさせるための案を考え出していくことである。問題を増やすかわりに答えを与え、決断の足を引っ張るかわりにスムーズに答えを出せる状況を整えていこう。その際には、決断の対象となっている内容そのものに目を向ける必要がある。合意内容があいまいなせいで決断に二の足を踏んでしまうことは少なくないからだ。

交渉で「できるだけ多く」を得たいというケースは多いだろう。しかし、それが具体的に「どれだけか」は本人も認識していないものだ。要は「そっちの条件を聞いてから判断する」という態度なのである。

自分はそれでいいと思っていたとしても、相手の立場に立てばもっと魅力的な提案が必要なのは明らかだ。相手側は、どんな条件を提示したところでこちらが十中八九譲歩を迫ってくると思うだろう。「そちらのお考えを率直にどうぞ」と、うながすばかりでは望んでいる決断はおそらくしてもらえない。

ただ合意条件を交渉したいのか、それとも特定の結果を望んでいるのかをはっきり認識していない人も多い。しかし、この二つには明確な違いがある。

特定の結果を期待しているのなら、余計な部分で交渉しようとしてはいけない。馬に柵を飛び越えてもらいたいなら高さを上げるべきではないし、ジュースを自動販売機で二ドルで売るのが目的なら、「二ドル五〇セントの値をつけて様子を見よう」などと考えるべきではない。

けれどもほとんどのケースでは、交渉を通じて何らかの合意を得るのが目的のはずだ。ペンと紙を用意して、いくつかの合意パターンを考えてみよう。交渉ではできるだけ早い段階で合意案を考えはじめたほうがいい。この作業をすることで、自分の考えもはっきりしてくる。

一番シンプルな案からはじめて、複数の可能性を考えていこう。相手に署名してもらえそうな、双方にとって魅力的な条件にはどんなものがあるだろう。承認が必要な人間がなるべく少なくてすむ方法、実行しやすい合意案なども探してみよう。相手は履行のしやすさも考慮に入れるはずだし、あなたもそうするべきだ。

一般には、「行動を起こさない」→「すでにはじめたことをやめる」→「まったく新しいとり組みをはじめる」の順にハードルが高くなる。仕事中に音楽を聴きたければ、従業員が数週間試験的に流すことに干渉しないという形にしたほうが、いきなり会社に実施を迫るより同意してもらいやすいだろう。

ほとんどの人は、物事に正当な根拠があるかどうかを気にする。したがって、結論を相手が受け入れやすいようにする方法の一つは、そのように感じられる内容にすることだ。その結論が正しい、すなわち、公平で、法や道義、その他の面で正当性があると思ってもらえれば、受け入れてもらえる可能性はそれだけ高くなる。

決断をうながすときにとりわけ強力な武器となるのが「先例」だ。

自分に有利な先例がないか探してみよう。同様のシチュエーションでこちらが求めている決断や判断が下された例を見つけ、それを土台にして合意案を考えていこう。そのような先例は、こちらの要求を正当化する客観的基準の一つであり、向こうも納得しやすくなる。

また、一貫した行動をとりたいという心理や過去の言動に配慮することも、相手の立場を意識した合意案を考えるのに役立つ。

◆最後に花をもたせよ

相手に決断してもらうための合意内容を考えるだけでなく、決断後のことを相手視点で考えることも重要だ。

あなたが相手の立場だったら一番心配なのはどんなことだろう。また、どんな成果を期待するだろうか。

人は「受け入れなければこういう目に遭うぞ」という脅しや警告で相手を動かそうとしがちだが、実際にはポジティブな提案にフォーカスしたほうがうまくいくことが多い。こちらの案に乗ればどんな成果が期待できるかを伝えることと、その成果をできるだけ大きくする方法を相手視点で考えることに努めよう。

提案の信憑性を高めるにはどうすればいいだろう。相手が喜びそうなポイントはないだろうか。最終提案や発表は向こうに花をもたせたほうがよくはないか。向こうにとって魅力的で、しかも、こちらの負担が少ない条件を加えられないだろうか——。

合意案を相手の目線で評価する際には、受け入れたときにどんな批判が寄せられるかを考えることも大事だ。大きな発言力をもっていそうな人のコメントを想像して、一つか二つ、実際に紙に書いてみるといい。次いで、それらのコメントに対する交渉相手の反論を書いてみよう。

こうした作業をすると、向こうにどんな縛りがあるかが見えてきやすい。それにより、相手側の利益を十分に満たしつつ、こちらの利益にかなった合意にもっていけるような案を考えやすくなるはずだ。

最後の確認作業は、「受け入れ可能な提案」として正式に文書化することである。相手側に「イエス」のひと言で応じてもらえそうな内容になっていれば、それは十分実用になる現実的提案だと考えていい。そのようにしてまとまった提案は、自分の目先の利益にとらわれて相手側の関心事を無視した内容にはならないだろう。

交渉をめぐる状況が複雑なときには、創造的にアイデアを出していく作業が欠かせない。それほど複雑でない場合も、そのような手間をかけることで道が開け、双方が満足できるさまざまな合意のバリエーションを生み出していける可能性がある。

できるだけ多くの選択肢を考えた上で、その中から選びとっていこう。

判断を後回しにしてまずアイデアを出し、共通の利益を探して異なる利益を噛み合わせ、相手が決断しやすい状況をつくっていくことが大切だ。

こちらの要求を一〇〇％納得させる

相手側の利益についての理解を深め、双方の利益を調整する素晴らしい方法を考え出したとしても、また、相手との関係をいかに重視していたとしても、交渉ではほぼ確実に利害が衝突する部分が出てくる。

いかに「Win-Win（相互利益）の理念」を語ったところで、その現実から逃れることはできない。あなたが安い家賃で借りたくても、大家は高く貸したいと思っている。品物を明日までに納入してほしくても、メーカー側は来週のほうがいいと思っているかもしれない。眺めのいいオフィスで仕事をしたいと思っているのはあなただけでなく、共同経営者も同じだ。立場の違いは厳然として存在し、見て見ぬふりをすることはできない。

こうした対立があると、たいていの人は駆け引き型の交渉で決着をつけようとする。

自分側の条件にこだわり「五〇〇〇ドルです。これは絶対に譲れません」とひたすら相手に譲歩を迫る交渉者もいれば、相手に認められたり、関係を優先させたりしたいがために、太っ腹な条件を提案する交渉者もいる。

こだわりの強さと器の大きさのどちらの争いになったとしても、**駆け引き型で決めようとしているのは、双方の〝意志〟の強さ**である。歴史とも慣習とも、良識とも無縁の孤島にいる人間のように、意志のぶつかり合いで結果を決めているのだ。

1章で述べたように、意志で立場の違いを調整しようとすると、高い代償を払うことになる。意志の力で勝とうとすれば、効率的かつ友好的に交渉を進められる望みはまずなく、必ずどちらかが折れなければならなくなる。争っているテーマが、これからどのレストランに行くのかということであれ、新規事業であれ、子どもの養育権であれ、客観的な基準をもち込まないかぎり、ベストの合意にたどり着くのは難しい。

利益の対立を意志で解決しようとして大きな問題が起こってくるなら、それを解決するにはどちらの意志にも影響されない基準で交渉すればいいことになる。

◆プレッシャーに負けない自分をつくる

たとえば、あなたは家を建てる契約を結んだ。その契約には、鉄筋コンクリートで基礎をつくることが盛り込まれているが、深さは指定されていない。建築業者は六〇センチでどうかといってきたが、この手の家なら一・五メートルが相場だろうというのがあなたの考えである。

ここで業者が「屋根の梁《はり》にはご希望どおり鋼材を使うことにしましたから、基礎を浅めにすることに関しては認めていただけませんか」といってきたとしよう。まともな建て主ならもちろん同意したりはしない。あなたももちろん反論するが、駆け引きをするのではなく、客観的な安全基準をもち出して対抗する。

「おっしゃるとおり、もしかすると六〇センチで十分なのかもしれません。でも、私は自分の家がきちんと支えられて安全が保証される強度と深さにしていただきたいのです。この地形のような土壌には国の基準があるのではないですか。この近辺では、他の建物の基礎の深さはどうなっているのでしょう。地震の危険度はどれくらいですか。そういった判断に役立ちそうな基準はありますか」

強固な基礎をつくるのも大変であるが、理にかなった契約を結ぶのも同じくらい難しい。けれども、この例でわかるように、建築業者と建て主の交渉に「客観的基準」が役立つことは明らかだ。だとすれば、商談や団体交渉、示談や外交でも活用できるはずである。

価格交渉も、売り手の言い値ではなく、市場の相場や買い替えた場合の費用、価値低下を差し引いた価格、安売り価格などを基準に話し合えばいい。

これは要するに、「圧力」に頼らず、原理原則に立脚して解決を図るということである。当事者の意志の力ではなく、問題の「実体」に軸足を置くべきだということだ。脅しには乗らず、理には耳を傾けるという姿勢が大きくものをいう。

◆深海の採掘をめぐるゴタゴタを解決した〝秘策〟

問題解決のプロセスに公正さや効率、科学的論拠などをとり入れるほど、より公平で優れた結果にたどり着きやすい。

加えて、先例や慣行などを双方が考慮に入れれば、過去の知恵を活用しやすくなる。先例に沿った内容なら、相手からも攻撃されにくい。賃貸契約に標準的な条件をとり入れたり、業界の慣行にもとづいて売買契約を交わしたりすれば、うらみつらみや不履行などの問題も起こりにくくなるだろう。

交渉の主導権争いを続ければ関係にはヒビが入りかねないが、原則立脚型の交渉ならばそのような心配はない。お互いが相手を負かそうとするかわりに、客観的に話し合うようにすれば、人間関係にまつわる苦労も大きく減る。

客観的な基準で合意を探っていけば、条件を出したり引っ込めたりする作業が少なくなる、というメリットもある。駆け引き型交渉では、お互いに自分の条件を守ろうとして、逆に相手の条件を崩しにかかる、というやり方に時間が費やされる。


客観的な基準という視点があれば、標準的なものさしや解決策の話し合いが中心となり、時間を有効に使えるようになる。


交渉に絡《から》む人数が増えると、意志や感情といったパーソナルな要因に影響されない基準があるかどうかが、交渉がスムーズに進むかどうかにいっそう大きく響いてくる。

当事者の多い交渉では、駆け引き型は控えめにいってもかなりの困難を伴う。当事者同士が連合を組まなければならず、特定の条件に賛同した当事者の数が多いほど、その条件を変えるのは難しくなる。

また、それぞれの交渉代表者の後ろに利害関係者や、許可を仰ぐ必要のある上位の意思決定者がいた場合も、自分側の条件を決めて、それをまた変える作業に時間がかかってしまう。

海洋法の協議でも、客観的基準のメリットが発揮された出来事がある。

発展途上国を代表するインドが、深海底から採掘する企業から、採鉱地一箇所あたり六〇〇〇万ドルを当初の租鉱料として徴収してはどうかと提案した。アメリカはこの提案を拒否し、初期租鉱料は徴収するべきではないとした。両者は一歩も譲らず、まさに意志のぶつかり合いとなった。

そんなとき、マサチューセッツ工科大学（ＭＩＴ）が開発した深海底採掘の経済モデルがあることに気づいた者がいた。そしてこのモデルが使えるという認識が参加国の間に広まっていき、租鉱料が採鉱の経済性に及ぼす影響を測る一つの基準となった。

自分の提案を実行した場合の影響について尋ねたインド代表は、年六〇〇〇万ドルという額がいかに法外なものであるかを知ることになる。収益が発生する五年前からそのような金額を払うのは、現実として不可能なのだ。インド代表はこの結論に驚き、「条件を見直す」と述べて態度を修正した。

一方、アメリカの代表者たちにとってもＭＩＴのモデルは役立った。それ以前に得ていた情報のほとんどが採掘企業から提供されたものだったが、ＭＩＴのモデルによれば、初期の租鉱料もある程度までなら払える可能性がある。その結果、アメリカもまた立場を変えた。

どの国も折れたり弱腰に見られたりすることなく、理詰めで協議を前進させられたのである。そして長い話し合いの末、各国が満足できる内容の暫定合意に至っている。

ＭＩＴモデルのおかげで、虚勢の張り合いが減り、合意の可能性が高まった。企業の採掘へのインセンティブと、世界各国への経済分配を両立させる、より優れた解決ができたのである。

しかも、提案の影響を予測する客観的モデルがあることで、参加国は暫定合意の公平性を納得しやすくなった。それにより各国の関係も強化され、合意が維持される可能性も高まっている。

こういった原則立脚型交渉では、二つの疑問を考えることが重要となる。客観的基準をどうやって見つけるか。それらの基準を交渉にどう生かしていくかである。

どんな手法で臨むにしても、事前に準備をしておくに越したことはない。

原則立脚型交渉も例外ではない。使えそうな基準をいくつか考え、自分の主張にどう適用していくかを検討しておこう。

◆「利益の高いライン」はどこか

客観的な基準は複数見つかるのが普通である。

たとえば、あなたの車が事故で全損して、保険会社に保険金を請求するとしよう。査定人との話し合いによって利用できる車の価値のものさしには、次のようなことが考えられる。①購入価格から価値低下分を差し引いた金額、②売れる可能性のあった値段、③同じ年式と車種の車の相場、④同等の車に買い替えた場合の費用、⑤裁判での査定額の予想などだ。

交渉の対象にもよるが、一般には合意のものさしとして提案できる基準には次のようなものがある。

市場の相場　　　裁判所の判断の予想
先例　　　　　　良識
科学的見地　　　平等性
専門的基準　　　慣行
効率　　　　　　相互性
原価、具体的費用　その他

どんな基準であれ、それは双方の意志に影響されないものでなければならない。確実にベストの合意に至りたいのであれば、それに加えて正当性と実用性を兼ね備えているのが理想だ。たとえば国境争いでは、物理的に目立つ地形を活用したほうが合意しやすい。たとえば、川で分けたほうが、川の東岸から三メートル離れたラインで分けるより合理的だ。

少なくとも理屈の上では、客観的基準は双方に適用されるべきである。そのような「相互性」があるかどうかで、その基準が公平で、どちらの意志の影響も受けないものであるかを判断できる。

家を買おうとしている不動産会社から、その会社が家を販売する際の標準的な契約書が送られてきたときは、買いとるときも同じ内容か聞いてみるといい。

国際社会で「民族自決の原則」の評判が悪いのも、基本的権利として主張する一方で相手側への適用を拒む人々がいるからだ。中東やカシミール、キプロスの情勢を見ただけでもそのことがよくわかる。

◆ケーキ・カットのルール――「相手が切って、自分が選ぶ」

意志の影響を排して結論を導くには、公平な手続きをとり入れよう。

昔から「子どもがケーキを分けるのに使う、うまい方法」がある。**片方が切り、もう片方**

が選ぶことで、どちらも結果に文句をいえなくなるのだ。

これまでに行なわれたもっとも複雑な交渉の一つである海洋法の協議でも、この単純な手続きが実践されている。協議の途中、深海底の採鉱地をどのように割り当てるかで議論が膠《こう》着《ちゃく》状態に陥った。

合意案に盛り込まれた条件では、半分を民間企業が採掘し、残りを国連が保有するエンタープライズという事業体が担当することになっていたが、富裕国の採掘企業には有望な採鉱地を見極める専門知識と技術があるため、知識に劣るエンタープライズに不利な結果になるのではないかと貧困国側が恐れたのだ。

考え出された解決策は、海底採掘を行なう民間企業が二つの採鉱地を提示し、エンタープライズ側が片方を選んでもう一方の採掘許可をその企業に与えるというものだった。

企業はどちらの採鉱地が回ってくるか選ぶ権利がないので、二つとも有望な土地をピックアップしようとする。このシンプルな手続きにより、民間企業の優れた知識を双方の利益のために活かせるようになったのである。

片方が切って片方が選ぶやり方には、こんなバージョンもある。公平な役割分担を話し合っておいてから、どちらがどちらの役割を選ぶかを決めるのである。

たとえば、離婚の話し合いなら、子どもの養育権をいずれの側がとるかを決める前に、相手側の面会権や責任を決めておく。これにより、お互いが公平と考える面会権が設定されやすくなる。

手続きについて考えるときには、立場の違いを解決する他の基本手段についても検討してみよう。交代制、くじ引き、他者に判断を委《ゆだ》ねるなどの方法が有効な場合もある。

たとえば遺品がたくさんあるときに相続人の間で公平に分けたければ、交代で選ばせるとうまくいくことが多い。あとで交換したいものがあれば、交換してもいいだろう。仮に選んでみて、その結果を見てから正式に合意することもできる。

原理的に公平な分配にしたければ、くじ引きやコイン投げなどの、純粋に確率で決まる方法を用いてもいい。結果は不平等になることがあっても、平等な機会を与えられているので文句はいえない。

第三者に関与してもらう方法もオーソドックスな手続きとして定着しており、無数のバリエーションがある。お互いの合意のもと、専門家にアドバイスや判断を仰ぐもので、調停者に合意のサポートをしてもらったり、正式な権限をもった仲裁人に結論を出したりしてもらったりする。

たとえばアメリカのプロ野球では、選手の年俸を「最終最適提示額裁定」にもとづいて決めている。これは、それぞれの最終提示額のいずれかを仲裁人が選ぶというもので、そうすることで双方がなるべく適正な額を提示するという考え方にもとづいている。公務員の雇用争議で、この手の仲裁を行なうことが義務づけられている州もあり、同様の状況で一般的な仲裁を行なうより話がまとまりやすい傾向があるようだ。ただし、必ず合意できるとはかぎらず、双方が極端な条件を提示して仲裁人が苦労するケースも見られる。

◆「いちいち意見を聞く」効果

客観的な基準や手続きを見極めたら、相手側とそれらについて話し合っていこう。その際には、次の三点を意識するといい。

1　各争点の客観的な基準を一緒に探っていく
2　理を説き、相手の理に耳を傾ける
3　圧力に屈せず、原則にもとづいて交渉を進める

住宅の購入の場合は、こんな切り出し方ができる。

「私は安くりたいですが、○○さんはやっぱり高くお売りになりたいですよね。公正な価格を一緒に考えてみませんか。一番客観的な基準になりそうなものって何でしょうね」

たとえあなたと売り手の利益が対立していたとしても、これで「公正な価格」という共通のゴールが生まれたことになる。自分が考えた基準を一つか二つ、交渉開始時に提案してみるのもいい。

たとえば、経年による価値低下や物価上昇を考慮した価格、似たような家の売値、専門家による査定などを基準にしてはどうかと打診してみる。その後で、相手側の意見や提案を聞くことも忘れないこと。

根拠を聞く——相手側が最初の提示条件として「二五万五〇〇〇ドルでお売りします」といってきたときは、「その金額にされた理由のようなものがあれば、ぜひお聞かせいただけますか」などと聞いてみよう。相手側も公正な価格を目指しているという前提で話を進めていくことだ。

まず原則の部分で合意する——具体的な条件を検討する前に、何をものさしにするかで意見を一致させたほうがいいだろう。基準は複数の場合もある。

相手側が提案してきた基準は、説得に用いることができる。自分の主張を相手の基準に照らして説明すれば説得力が増すし、その基準を問題に適用するのを拒みにくくなる。

「なるほど、お隣のジョーンズさんは二六万ドルで家を売られたわけですね。この家も同じような家の相場で売りたいというのがあなたのお考えということでよろしいですか。でしたら、エルズワース通りとオックスフォード通りの角にある家と、ブロードウェイとダナ通りの角の家も参考にしましょう」

譲歩を難しくしている大きな原因の一つは、相手側の提案を飲むことへの抵抗感である。自分で提案した基準に沿った内容なら、譲っても「弱腰」ということにはならず、むしろ「発言したことを実行できる強さ」の証になる。

◆そんな「ポリシー」ならいらない！

どれだけ客観的基準を考えて交渉に臨んでいるとしても、相手側の意見にも耳を傾けてほしい。さもないと「一緒に探す」ことにはならない。

交渉をする人のほとんどは、自分側の条件の根拠にするためだけに先例などの客観的基準をもち出してしまう。警察の労働組合なら、他の都市の賃金を根拠に自分たちの賃上げ要求を正当化しようとしたりする。交渉にこのような形で基準をもち込むと、条件にますます固執する結果になりやすい。

一部の人はさらに、その条件が自分たちの考え方にもとづくものだといきなり宣言してしまい、相手の主張にまったく耳を貸さないこともある。「ポリシーですから」のひと言で、「イデオロギーをめぐる聖戦」の宣戦布告をしてしまうのだ。こうして、現実の立場の違いが観念的な違いに引き上げられてしまい、条件を修正するのはますます難しくなってしまう。

原則立脚型交渉で勧めているのは、このような態度では断じてない。客観的基準にこだわるというのは、自分側のもち出した基準のみにこだわるという意味ではないし、一つ正当な基準が見つかったからといって他の基準を排除するべきでもない。

相手側が考えている公正さは、こちらの公正さとは異なっているかもしれないのだ。あなたは裁判官のように振る舞うべきで、気持ちはたとえ一方(自分側)に偏っていたとしても、別の基準を採用してはどうかとか、基準を別の形で適用するべきだといった意見にはきちんと耳を傾けていこう。

お互いに別の基準を主張しているときは、それらを客観的に判断する方法を考えるといい。過去にどちらの基準が使われてきたか、現在どちらがより一般的かといった視点をもち込むのだ。このときも、交渉内容と同じように、自分の意志の力や感情で決めようとしてはならない。

市場の相場と、価値低下分を差し引いた金額といったように、お互いが同じように正当だと思ってはいるが、結果の異なる基準が二つ存在する場合もあるだろう。そのようなケースでは二つの基準の間をとるか、結果のほうを折衷《せっちゅう》すれば正当性が担保されるし、結論はいずれの意志の影響も受けていない。

相手が提案した基準で本題を徹底議論した後でも、その基準が最適という確証が得られなかったときは、「正当性を確かめましょう」と提案してみるのもいいだろう。公平な視点の持ち主だとお互いが認める人物を決め、提案された基準をすべて見せて、この案件ではどれが一番公正か、適切かを判断してもらうのだ。

客観的基準は正当なものでなければならないが、それはすなわち多くの人間に認められるということなので、第三者の判断を仰ぐのは筋が通っている。ただし、この場合は仲裁を頼むわけではなく、あくまで合意の基準に関して助言をもらう。

交渉の対象事項を判断する原理原則のコンセンサスを探る態度と、自分側の条件を根拠に、そこに固執する態度には、はっきりとした境界が見えないこともある。しかし、この二つには決定的な違いがある。原則立脚型の交渉者は、交渉対象に関して筋の通った説明を受ければ、それを考慮の対象にするが、駆け引き型はそのようにしない。

前者は、客観的基準にもとづく解決にこだわりながらも、相手の理にきちんと耳を傾ける。

だからこそ説得力があり、相手を効果的に引き込むことができるのだ。

◆鼻先に「にんじん」をちらつかせてくる相手には……

相手がまったく別の「メリット」をちらつかせて、条件を押しつけてくることもある。再び建築業者との交渉の話で考えてみよう。

業者がもし、「基礎の深さの件で折れてくれれば、あなたの義弟（この場合、建築業界で求職中である——という前提）を雇ってもいい」などといってきたら、あなたはどうするだろう。そんなときは「雇ってもらえればうれしいですが、それと家の安全は別の話です」などと答えればいい。

それに対して業者が、契約額を上げると脅してきたらどうか。

これにも「そちらも本題重視でいきましょう。他の業者さんはこのような契約でどれくらいの料金を設定しているのでしょうね」「具体的な原価を教えていただけませんか。一緒に適正な利益を考えてみましょう」といった形で対応する。

「まあまあ、そんなことをおっしゃらずに私を信用してくださいよ」と業者がすり寄ってきたら、「信用する、しないの問題ではなくて、家を安全にするにはどれくらいの深さの基礎がいるかという話をしているのです」と応じればいい。

交渉における圧力にはさまざまなものがある。賄賂《わいろ》、脅し、信用してほしいというアピール、あるいは単純に一歩も退かない態度をとり続けるケースもある。

いずれの場合も、相手側の理を聞き出し、適用すべきだと考える客観的基準を示して、それらの原則に拠《よ》らないかぎり譲歩しない姿勢を貫く。

すなわち**「圧力に屈せず、原則にもとづいて交渉を進める」**のだ。

その結果どちらが勝つかは何ともいえないが、一般には原則立脚型が有利である。相手が意志にのみに頼っているのに対し、こちらは相手の理屈に柔軟な姿勢を示している分、説得力もあり、正当性もあるからだ。

こうした態度をとれば、譲歩してしまいたいという自分の心には抵抗しやすい一方、相手側は客観的基準を述べることに抵抗しにくい。公、私を問わず、確かな理が存在する場合以外は折れないという態度のほうが、理を述べずに頑《かたく》なな態度をとり続けるより、立場を守りやすいのだ。

最低でも、手続きに関してはほとんどのケースでこちらの望む方法に変えられる。駆け引き型をやめて、客観的基準を探れるようになるのである。この点において、原則立脚型の戦略は駆け引き型に勝るといっていい。

交渉の実体――「本題」に目を向けることを主張すれば、たいていは相手も同意する。こちらがその姿勢を崩さないかぎり、協力することが交渉で目指している本来の利益を高める唯一の方法となるからである。

交渉内容そのものに関しても、有利な結果が期待できる。とりわけ、駆け引き型で脅しに屈してしまうようなタイプは、フェアに振る舞いつつもしっかり踏み留まれるようになる。

しかし、相手が一歩も退かず、正当な理屈も述べないときは、それ以上交渉しても意味がない。値切れない店で商品を買うときと同じで、その条件で応じるか、あきらめるかのどちらかだ。合意をあきらめる前には、相手側の条件を正当化できる客観的な基準がないか、今一度考えてみよう。

そのような基準が見つかり、合意するほうが決裂するよりましだと判断した場合は、それで手を打つといい。相手が譲らず、「原則」に照らして受け入れるべき正当な理由もない場合は、「交渉が決裂した場合にとれるベストな行動」（これについては後述する）と、不当な条件を飲むことで得られる利益を天秤にかけてみよう。原理原則を貫いたことで株が上がるのと、合意で手に入る交渉事項の利益では、どちらが重要だろうか。

「どんなことをする意志があるか」ではなく、「どのように結論を下すべきか」に議論をシフトできたとしても、それで終わりではないし、有利な結果が保証されるわけでもない。しかし、少なくとも、駆け引き型の深刻なデメリットやリスクからは解放されて、新たなアプローチに力を注げるようになる。

◆「それが我が社の方針です」に対抗する法

ここからは、駆け引き型と原則立脚型の交渉の実際例を見てみよう。トムが駐車場に停めておいた車がダンプカーに突っ込まれ、メチャクチャになった。保険金が下りることになったものの、具体的な金額は保険査定人との話し合いしだいである。

査定人——お客さまの事案について調査させていただきまして、保険金をお支払いすることになりました。お支払い金額は一万三六〇〇ドルとなっております。

トム——なるほど。それはどこから来た数字でしょうか。

査定人——お車を査定した結果でございます。

トム——ほうほう。その金額を決めるときの基準はどんなものだったんでしょうか。その額で似たような車を買えますかね。

査定人——どのくらいの金額をご希望でしょうか。

トム——契約で最大限受けとれる額にしてほしいです。同じような中古車が一万七七〇〇ドルで売られていました。消費税と自動車税を足すと一万九〇〇〇ドルくらいですね。

査定人——それはちょっと厳しいかと……。

トム——別に一万九〇〇〇ドルとか、一万八〇〇〇とか二万とかいう具体的な金額にこだわっているわけじゃなくて、適正な補償額をいただきたいだけです。車を買い替えられる額というのが筋でしょう、違いますか。

査定人——よくわかりました。一万五〇〇〇ドルお支払いいたしましょう。私に決められる最高額です。会社の方針でこれ以上はお支払いできません。

トム——その額の根拠は何でしょう。

査定人——トムさん、一万五〇〇〇ドルということでお願いします。ご了承いただけなければお話はここまでということで。

トム——うーん、一万五〇〇〇が妥当なんですかね。会社の方針なら、あなたとしてはそれに従わないといけませんよね。お立場はよくわかります。でも、客観的根拠を示していただけないのなら、裁判で決めてもらったほうがいいかな。お互いに調べてから、また話しませんか。水曜日の午前十一時とかはどうですか。

査定人――トムさん、これは今日の新聞ですが、広告でまったく同じ仕様の同年式の同モデルが一万四八〇〇ドルで売られています。

トム――へえ。走行距離は？

査定人――七万九〇〇〇キロですが、それが何か。

トム――私のはまだ四万キロでした。差を考慮すると、そちらの算定ではどれだけアップしますかね。

査定人――少々お待ちを……一六五〇ドルですね。

トム――だったら一万四八〇〇ドルを一つの基準とすると、一万六四五〇ドルになりますね。広告の車にはテクノロジーパッケージのオプションはついていますか。

査定人――いえ。

トム――それも算定してみていただけます？

査定人――一一〇〇ドルです。

トム――自動防眩《ぼうげん》ミラーはついてます？

三十分後、トムは一万八〇二四ドルの小切手を手にして出ていった。

3

どんな「不利な状況」も一発で大逆転できる！

相手のほうが強かったら

利益、合意の選択肢、基準を話し合う戦略は、相手側の立場が強いときでも有効なのだろうか。向こうのほうが資金力やコネがあったり、人材が豊富だったり強力な武器をもっている場合はどうすればいいのだろう。

そのように相手側がすべてにおいて有利なときでも、確実にうまくいくという方法は存在しない。砂漠でユリを栽培したり、沼にサボテンを生やしたりする方法はないのと同じだ。数千ドルはするジョージ四世のスターリング銀製ティーセットを買うつもりで骨董店に入っても、懐《ふところ》に百ドル札一枚しかなければ、交渉手腕がいかに優れていようと値段の折り合いをつけるのは難しいだろう。

どんな交渉においても、動かしがたい現実はある。相手の立場が強いときに、ほとんどの交渉術ができることは二つしかない。

一つは、受け入れるべきでない合意から交渉者を守ること。もう一つは、利益が満たされる合意内容になるように、またそのような合意が成立するように、自分側に有利な材料を最大限活用することである。順に見ていこう。

◆「ここには踏み込ませない」最低限のボーダーラインを引く

飛行機に乗り遅れまいとしているときは、何が何でもその飛行機に乗らないといけないように思えるが、後で振り返ってみると、次の便に乗ることもできたと気づいたりする。交渉でも、私たちはこれと似た心理に陥りやすい。

一生懸命がんばってきた重要な商談で、何としても合意にもち込みたいと焦ったりするわけだ。このようなときにとりわけ問題なのは、相手の見方になびいて、踏み留まる力がなくなることである。「合意して終わりにしてしまいましょう」という甘い言葉に乗って、結んではいけない合意を結んでしまいかねない。

交渉をする人間は一般に、そのような事態から身を守るため、これ以上は譲歩できないという**「防衛ライン」**を事前に設定しておく。何かを買うのであれば、ここまでなら出せるという最高額が防衛ラインだ。売るときは、手放してもいい最低価格ということになる。たとえば、あなたが奥さんと相談して家を売るときは、言い値を三〇万ドルに設定し、防衛ラインを二六万ドルに決めたりする。

防衛ラインがあると、交渉の場で受ける圧力や誘惑に抵抗しやすくなる。家の売却で、買い手が二四万四〇〇〇ドル以上払えないことが明らかになったとしよう。このとき、仲介業者を含む関係者全員が、あなたが少し前に二三万五〇〇〇ドルで買ったことを知っていれば、視線がいっせいに突き刺さってくる可能性もある。そんなときでも、防衛ラインを設定してあれば、あとで後悔するような決断を下さずにすむかもしれない。

あなたの側に複数の人間がいる場合は、一緒に防衛ラインを設定しておくと、より低い金額で手を打つ可能性を誰かがほのめかしてしまう事態を防げる。

また、弁護士や仲介業者、その他の代理人の権限に制約をかけることもできる。「できるだけ高く売ってほしい。ただし二六万ドル以下では売らないように」などと事前に指示しておけばいい。

さまざまな新聞社の労働組合が一緒になって新聞発行者協会と交渉するケースなら、防衛ラインのコンセンサスをつくっておくことで、相手側の提示条件に応じて離脱する労働組合が出るリスクを減らせるだろう。

しかし、身を守るために防衛ラインに頼ることには大きなデメリットがある。コロコロ変えてしまえば防衛ラインにはならないので、一度決めたラインは基本的に動かさないのが原則だが、交渉の場で明らかになった新情報を生かせない場合があるのだ。

防衛ラインには、自由な発想を妨げるという問題もある。異なる利害をうまく調整して双方の利益を高められるような、臨機応変な解決策にブレーキをかけてしまうのだ。

交渉にはほぼ例外なく、複数の要素が存在する。単純に二六万ドルで売るよりも、二三万五〇〇〇ドルで妥協して、転売時の先買権と、手続き完了日の延期、別棟を二年間倉庫として使う権利、草地一ヘクタールを買い戻すオプションなどを手に入れたほうが、より大きな利益になるかもしれない。

防衛ラインにこだわっていれば、そのように自由に可能性を考えるのは難しくなる。防衛ラインはその名のとおり、守りを固めるのが目的だが、ほとんどのケースでは「ガチガチに固めすぎて」しまうのだ。

しかも、だいたいいつも高めに設定されがちで、これも問題となる。

家族と朝食のテーブルを囲みながら、家の最低売却価格を話し合っているところを想像してほしい。一人が二〇万ドルはどうかと提案すると、別の家族が「最低でも二四万ドルは欲しいよ」という。そこに三人目が「二四万ドル？　安すぎるよ。三〇万ドルの価値はあるって」と口を出す。高く売れたほうがいいのは確かなので、誰も反論しない。しかも、一度ラインが決まってしまうと変えるのは難しく、そのラインのせいで売るべきタイミングを逃してしまいかねない。

一方で、低く設定しすぎてしまうこともありうる。その場合は、売るより貸したほうがましだったと後悔するかもしれない。

つまり、防衛ラインを設定しておけば、極めて不利な合意からは身を守れることはあったとしても、優れた解決策を考え出したり、受け入れたりする妨げにもなってしまうということだ。気まぐれに設定した数字は、合意するべきか否かを合理的に判断する基準にはならないのである。

では、防衛ラインに代わるようなものはないのだろうか。拒絶すべき合意を受け入れてしまう事態と、受け入れるべき合意を拒絶してしまうことの両方から、自分を守ってくれる判断基準はないのか。実は、それは存在する。

◆不利な交渉から「ベストの解決法」を引き出す法！

家族で家の最低売却価格を話し合うときに考えるべきなのは、「何を手に入れるべきか」

ではなく、ある時期までに家が売れなかった場合に「どうするつもりか」である。ずっと売りに出しておくのか。それとも賃貸ししたり、塗装を条件に無償で住まわせたりするのか。あるいは解体するのか、そのあとに土地を駐車場にするのか。

さまざまな事情を考慮した場合、交渉に代わるこれらの行動のうちどれがもっとも魅力的だろうか。その行動と、提示された最高買取価格では、どちらが有益だろうか。代わりの案の中には、二六万ドルで売るよりいいと思えるものがあるかもしれない。

逆に、売れずに抱え込むくらいなら、二二万四〇〇〇ドルで手を打つほうがいいという場合もあるだろう。いずれにしても、あいまいな防衛ラインが、実際に家族の利益になる可能性はとても低い。

交渉をするのは、しなかった場合よりもいい結果を得るためである。その結果とはどのようなものだろう。交渉しなかった場合というのは、具体的にどういう事態か。そうした事態のうち、最善の可能性は何か。そのような可能性のことを、本書では**「交渉が決裂した場合にとれるベストな行動」**（Best Alternative To a Negotiated Agreement、略してＢＡＴＮＡ）と呼ぶことにする。提示された条件を受け入れるかどうかの判断基準にするべきなのは、この行動である。「交渉が決裂した場合にとれるベストな行動」こそは、ひどく不利な条件を受け入れてしまう事態と、利益にかなった条件の受け入れを拒んでしまう事態の両方から自分を守ってくれる、唯一の基準なのだ。

それはまた、クリエイティブに解決策を探っていく柔軟性も兼ね備えている。

防衛ラインを設定することで基準に満たなかったものを無条件に除外してしまうのに対し、「交渉が決裂した場合にとれるベストな行動」を考えておくと、相手の提示条件と比較してどちらが多くの〝利益〟をもたらすかを考えることができる。

◆守りが堅い者ほど有利に運ぶ！

合意できなかったときの行動がわかっていない状態で交渉に臨むのは、目隠しをしているのと同じだ。そのような交渉者は、根拠もないのに交渉以外にもさまざまな可能性があると思い込んでいることがある。

不動産業者、中古車ディーラー、水道業者、卸売業者など、自分が交渉できる相手は他にもたくさんいると、楽観的に考えてしまうのだ。

たとえ、交渉の道が閉ざされたときにとる行動をわかっていたとしても、「合意できなくて、本当にそうなってしまったとき」の結果を軽視していたりする。実際に、訴訟や離婚裁判、ストライキや軍拡競争、さらには戦争になった場合の深刻さを、正確に認識していないことがあるのだ。

ありがちなのは、「代わりになる行動」を頭の中でひとまとめにしてしまうケースである。たとえば、仕事の給料で折り合えなかったときの身の振り方——会社を辞めてカリフォルニアに行く、大学で学位をとる、作家になる、地元に戻って農家を継ぐ、パリに引っ越すといった行動を、まとめて一つの代替案のように考えてしまう。そうなると、特定の仕事で一定の給料をもらって働くより、そちらのほうが魅力的に思えてくる。

しかし、そういった行動を同時に実行することはもちろんできない。合意が成立しなければ、どれかを選ばないといけないのだ。

ただ、ほとんどの交渉でより大きな問題になるのは、むしろ合意にこだわりすぎてしまうことである。決裂した場合の行動について何も考えていないと、合意できなかったときのことを必要以上に恐れてしまうのだ。

「交渉が決裂した場合にとれるベストな行動」を把握しておくことが重要だとわかっていても、その可能性を本気で探る気になれない人もいるだろう。

「目の前にいる購入希望者や、次の希望者が、自分の家に対して魅力的な購入価格を提示してくるかもしれない。そうなれば、わざわざ決裂したときのことを考える必要があるのだろうか」と思う。

そのため「まずは交渉して結果を見てみよう。うまくいかなかったときは、それから考えればいいか」などと自分に言い訳してしまう。しかし、かしこい人は、決裂したときの暫定案くらいは最低限まとめておくものだ。

◆小さな町がまたたく間に二億円を集めた「驚きのテクニック」

「交渉が決裂した場合にとれるベストな行動」は提示された合意内容に応じるかどうかを判断する究極の基準であるが、他にもものさしがあると便利だ。

目の前の合意条件の魅力が危険水域に入っているかどうかを早い段階で知るには、理想からはほど遠いけれども、「交渉が決裂した場合にとれるベストな行動」よりは優れているという条件を見極めておくとよい。

合意条件がこの警告ラインを下回ったときは、受け入れる前に一歩退いた視点で状況を冷静に見つめ直してみよう。この警告ラインも防衛ライン同様に、代理人の権限に縛りをかけることができる。

「私の許可がないかぎり、購入時の価格に利子分を加えた二五万八〇〇〇ドル以下では売らないように」と釘《くぎ》を刺しておけばいい。

警告ラインがあれば、それなりの余裕をもつことができる。警告ラインの基準に到達しても防衛ラインまでまだ間があるので、その時点で調停者を立てても交渉の余地が残るのだ。

一方で、**不利な合意から身を守ることも大切だが、有利な材料を最大限活用することも、優れた結果を出すための重要な要因**だ。

具体的にどうすればいいか。

一般に交渉で強みになると考えられているのは、資金力、政治的なコネ、体力、友人、軍事力などのリソースである。しかし実際には、交渉における力関係は基本的に、合意を避けることが双方にとってどれだけ魅力的かで決まってくる。

インドを訪れた裕福な観光客が、ムンバイ駅の露店で真鍮《しんちゅう》の小さな壺を見つけ、手ごろな値段で手に入れたいと思った。露店商の女性は一見貧しそうだが、相場には通じているようだ。彼女としては、壺を売れる可能性があるのは目の前の観光客だけではないし、過去の経験から、いつごろまでにどんな値段で売れるかも見当がついている。観光客が裕福で〝力〟があったとしても、正確な値段と、同じような壺が他で見つかる可能性がどれだけあるかを知らないかぎり、この交渉では弱い立場である。壺を買い損ねるか、不当に高い金額を払わされる可能性が高い。

この場合、観光客の資金力は交渉の強みにはならないどころか、ばれてしまうと壺を安価で手に入れにくくなる。交渉力がかえって弱まるのだ。資金力を交渉の強みにしたいなら、同じような壺や、より価値のある壺の相場を調べることにそれをつぎ込む必要がある。

確実に就職できる他の勤め口が見つかっていない状態で、仕事の面接に行くときのことを考えてみよう。給料の交渉がどんな感じになるか、想像してみてほしい。

一方で、勤め口が二カ所見つかっている場合はどうだろう。給与交渉はどう進んでいくだろうか。「交渉が決裂した場合にとれるベストな行動」を考えているか・いないかで、このように交渉力の差がついてくる。

組織同士の交渉も同じである。大企業と小さな町が工場の納税額をめぐって交渉する場合の力関係を決めるのは、それぞれの予算規模でも政治的影響力でもなく、双方の「交渉が決裂した場合にとれるベストな行動」しだいだ。

小さな町が、町の境のすぐ外側に工場をもつ企業の年間三〇万ドルの寄付金を、交渉で二三〇万ドルに引き上げた。いったいどうやったのだろう。

この町は、交渉が決裂したときの行動をきちんと考えていた。町境を拡張して工場を囲い込み、年間約二五〇万ドルの法人住民税を全額徴収するというのがそれだ。企業のほうは工場を維持する方針をすでに決めてはいたが、交渉の額が合意に至らなかった場合の行動までは考えていなかった。

この案件は当初、工場のほうが強い立場だと思われていた。町は仕事や雇用のほとんどをこの工場に依存している上、経済もかなり厳しい状況だった。工場が閉鎖されたり移転したりしたら、壊滅的な打撃を受けることになる。しかも、現在工場から得られている税収は、寄付を引き上げようとしている町のお偉方の給料の一部にもなっているのだ。

しかし、これらの有利な材料も、役に立たなかった。一方、町側は「交渉が決裂した場合にとれるベストな行動」を想定していたため、世界有数の企業よりも大きな影響力を行使できた。

◆手の内を明かしたほうがいい場合も

しかし、代わりになりそうな魅力的な行動は、最初から明白なわけではなく、普通は時間と手間をかけて考え出さなければならない。

「交渉が決裂した場合にとれるベストな行動」を考え出すプロセスは、三つのステップで構成される。

①交渉が決裂したときに考えられる行動のリストをつくる、②特に有望なアイデアを改良し、実現性を高める、③ベストと思われるものを暫定案として選んでおく。

最初のステップは、代わりになるような行動をいくつか考えて、リストにしてみるのだ。A社との面談で月末までに納得できる条件で折り合えなかったときにどうするか、具体的に考えてみよう。

B社に就職する、他の街で仕事を探す、自分で起業する、他にもあるかもしれない。

労働組合の場合なら、交渉が決裂したときの行動として、ストライキを実施する、更改が実現するまで無契約で働く、六十日後にストライキを行なうと通告する、調停者を立てる、組合員に順法闘争を呼びかける、などが考えられる。

次のステップは、有望なアイデアを改良し、実現性を高めることである。シカゴで働くことを考えているのなら、少なくとも一つは確実な就職先を見つけておこう。シカゴで働けることがわかっていれば、ニューヨークの仕事の大きな判断材料になる（シカゴで働けないことがわかった場合も同じだ）。

労働組合も、調停者やストライキに関する具体的な段取りを明らかにし、いつでも実行できるようにしておくべきである。契約満了日までに妥結しなかった場合にストを決行するかどうかを組合投票にかけるなどして、次の行動を決めておくといい。

行動プランを準備する最後のステップは、それらの行動の中からベストのものを選ぶことである。交渉で合意できなかったときに、どれを実行するかを決めておこう。

この三つの確認ができたら、相手側から提示された条件はすべて、それと比較して判断しよう。こちらの交渉力もずっと高まっているはずだ。交渉が決裂したときの行動が見えていると、自信をもって交渉を進められるし、決裂した際の引き際も見極めやすくなる。

また、余裕があるほど、自分側の利益や、客観的な判断基準も強く主張できる。

なお、自分の「交渉が決裂した場合にとれるベストな行動」を相手側に明かすべきかどうかは、向こうの心理を判断して決める。こちらに強力な切り札がある場合——隣の部屋に別の客が控えているなど——といったときは、伝えたほうが有利に交渉を展開できるだろう。相手側はこちらにいい案がないと見ているが、実際にはあるときも、基本的に伝えるべきである。

一方、当然ながら、こちらの「交渉が決裂した場合にとれるベストな行動」が相手の予想より悪い内容のときは、伝えてしまうと逆に立場が弱くなる。

◆頭のいい人は「カードの裏」を読む

相手に、どのような「かわりになる行動」があるかを考えたほうがいい。それが把握できているほど交渉がスムーズにいく。相手の行動プランを考えれば、どれくらいの条件を引き出せるかが見極めやすくなる。

合意に達しなかったときのことを、相手側が必要以上に楽観視している場合もあるだろう。代替案がたくさんあると思い込んでいて、それらをひとまとめにして評価しているかもしれない。相手が楽観視しすぎているように思えるときは、その評価が現実的なものかどうかを考えるのを助けてやるといい。

一方、あなたが考える公平な結論のいずれと比べても、相手側の「交渉が決裂した場合にとれるベストな行動」が優れているケースもありうる。

建設中の発電所の煙突から有害物質が排出されることを懸念している市民団体があったとしよう。あなたはその市民団体に属している。建設している電力会社の行動プランは、市民団体の抗議を無視するか、適当に耳を傾けながら建設を完了してしまうことである。

このような状況で、こちらの不安を真剣に受け止めてもらうには、建設許可の取り消し訴訟にもち込む他ないかもしれない。つまり、相手のプランが優れていて交渉の必要性を感じていなければ、「交渉が決裂した場合にとれるベストな行動」そのものを変えてしまうことを考えたほうがいいということだ。

双方にベストな行動プランがあるときは、一番よい結論はどちらにとっても、「合意しないこと」かもしれない。その場合、とるべき行動は、合意に見切りをつけてそれぞれが別の可能性を追求することだ。

交渉で相手の銃のほうが大きいときに、撃ち合いをするのは得策ではない。相手が体力や経済力に勝っていると思えるときほど、純粋に交渉内容に力を注ぐべきである。そのほうが利益を高められる可能性が大きいからだ。

力の強い相手に対して原則を武器に挑むときには、原則を前面に押し出すほど好ましい結果が期待できる。

「交渉が決裂した場合にとれるベストな行動」が想定できていると、案件そのものにフォーカスして交渉を進めやすい。

知識、時間、お金、人、コネ、知恵を総動員して、相手の同意がなくても実行できる優れた代替行動を準備しよう。こちらはいつでもやめてかまわないという余裕があるほど、交渉結果への影響力は高まることになる。

「交渉が決裂した場合にとれるベストな行動」を準備すれば、最低限受け入れられるラインが明確になるだけでなく、受け入れライン自体が引き上げられることが多い。

立場の強そうな相手には、この行動プランを準備しておくことが、もっとも効果的な対策になることを覚えておいてほしい。

相手が話に乗ってこなかったら

利益、選択肢、基準などの原則を話し合えば、友好的かつ効率的にかしこく交渉を進めていけることはわかった。しかし、相手がそれに乗ってこなかった場合はどうすればいいのだろう。

あなたが利益のことを話そうとしても、相手は頑として自分の条件にこだわり続けるかもしれない。こちらの意識が双方の利益を最大限にすることに向いていても、向こうは自分側の利益にしか関心がなく、あなたの提案にことごとく食ってかかってくるかもしれない。

あなたが交渉で解決すべき問題に立ち向かっている間、相手の矛先はあなた自身に向けられ続けるかもしれないのである。そのような相手の意識を、条件へのこだわりから「交渉案件の解決」に向けさせるにはどうすればいいのだろうか。

相手の注意を、交渉案件に向けさせるための基本戦略は三つだ。

一つめは自分の行動に関することだ。条件に固執するかわりに案件の解決にこだわる姿勢を、自分が身をもって示すのである。

本書のテーマである原則立脚型の交渉手法には伝染性がある。利益と選択肢と基準を話し合えば、誰にでもその利点が見えてくるからだ。つまりあなたがアプローチを変えれば、流れが自然にそちらに切り替わるのである。

そうならずに、向こうが駆け引き型の交渉を続けようとする場合は、相手の行動に注目した第二の戦略を試してみよう。こちらは、駆け引き型の基本戦術に巧みに応じることにより、提示条件から交渉案件の解決に注意を転じさせるもので、「交渉の柔術」と呼んでもらえるだろう。

三つめの戦略は、第三者の行動に関するものだ。原則立脚型交渉を実践しても、交渉の柔術を用いても相手が乗ってこないときは、利益と選択肢と基準に注目するアプローチが身についている人物を交渉に加えるといい。

この戦略では、とりわけ有効な方法がある。第三者による「統一案方式」だ。

最初の戦略「原則立脚型交渉」についてはすでに説明した。本章では、残る「交渉の柔術」と「統一案方式」について解説する。

その後、大家と借り主の実際の会話を例に、駆け引き型にこだわる相手を「原則立脚型交渉」と「交渉の柔術」で、こちらのやり方に引き込む具体的な方法を見ていこう。

◆正攻法ばかり使うな

相手が条件にこだわって一歩も退かないときは、批判したり突っぱねたりしたい気持ちがわいてくるかもしれない。こちらの提案を批判されれば、必死に弁護したくもなるだろう。攻撃されれば身を守りたくなるし、反撃したくもなる。押されれば、押し返したくなるのが人情だ。

しかし、それをしてしまうと、駆け引き型の手法に乗ってしまうことになる。提示された条件を突っぱねれば相手はその条件にますますこだわるし、自分の提案を弁護すればその提案を変えにくくなる。攻撃に対して向きになっていい返せば、相手も熱くなって感情的な争いになるだろう。そうなると、あとは攻撃と反撃の悪循環で、押したり引いたりの無意味な争いに時間と労力が浪費されることになる。

押したり引いたりがだめなら、どうすればいいのか。こちらが反応したことに相手がまた反応するという悪循環に陥るのを避ける方法はあるのだろうか。方法はある。**押し返さなければいい**のだ。

相手が条件を主張してきたときに突っぱねず、自分の案を批判されても弁護はしない。攻撃されてもやり返さない。こちらが反応しなければ、悪循環のサイクルを断ち切ることができる。押し返すかわりに横によけ、相手の矛先が問題に向かうようにしてしまおう。東洋の武道である柔道や柔術と同じように、力に力で対抗せず、体《たい》をかわして相手の力を利用するのだ。力を受け流し、利益の追求や、双方の利になる案の創出、意志の影響を受けない基準を探すことに向けさせるのである。

では実際に、相手の攻撃の矛先を問題に向かわせるには、具体的にどうすればよいか。相手の「攻撃」は通常、三つの戦術からなっている。自分の条件のゴリ押し、こちらの案の批判、あなた自身への攻撃だ。原則立脚型の交渉者が、それらにどのように対抗していくかを見ていくことにしよう。

◆視点を転換させるうまい法

向こうが条件を提示してきたときには、突っぱねないことだ。だからといって受け入れる必要もない。あくまで選択肢の一つととらえ、相手側にどのような利益があるのか、どんな考え方にもとづいているのかを見極めよう。改善できるかどうかも検討する。

教職員組合が定年以外の解雇禁止と賃上げを求めてストライキを行なう例で考えてみる。あなたはその代表者の一人だ。

学区の給与を決めている教育委員会は、一律二〇〇〇ドル昇給するかわりに一方的に解雇する権限を留保するという提案をしてきた。教育委員会は、どのような利益を考えてこのような条件を提示したのだろうか。

「二〇〇〇ドル以上昇給すると予算にどんな問題が起こってくるのですか」「自由に解雇する権限を留保したい理由は何でしょう」と尋ねてみよう。

相手が提示してきたすべての条件について、お互いの基本的な関心事の解決を真剣に考えた結果……という前提で対応していくほうがよい。

どのように事態の解決につながると考えているのかを問いただしてみるといい。その提示条件を選択肢の一つとみなし、お互いの利益がどれだけ満たされるかを客観的に考え、改善の余地がないかを検討してみよう。

「一律二〇〇〇ドルの昇給は地域の他校と比べて十分な額で、この学校の生徒のために優秀な教師を確保できる水準だと思われますか」

「解雇の評価手続きが公正なものになると教師たちを納得させる方法について、具体的な考えはおありですか。ここにいる皆さんはもちろん公正な判断をしてくださると信じていますが、あなた方がいなくなったらどうなるでしょうか。私たち教師は、生活や家族を誰かの気まぐれに委《ゆだ》ねることになるかもしれません。そのことについてはどう思われますか」

さらに、相手の条件のもとになっている考え方（原則）も考慮し、話題にしていこう。

「二〇〇〇ドルが妥当な昇給額だとお考えの根拠は何でしょうか。他校の給与や、同等の資格の教師が基準になっているのでしょうか」

「経験の浅い者から解雇していくことをお考えでしょうか。それとも教員歴が長くて給与が高い者からですか」

次いで、出てきた選択肢を改良していく作業に注意を向けさせるため、相手側の条件の一つを採用した場合の結果について話してみよう。

一九七〇年、あるアメリカ人法律家がエジプトのナセル大統領に会い、アラブとイスラエルの対立について話を聞いたことがある。

「（イスラエルの）メイア首相にどんなことを望んでいますか」と彼が尋ねたところ、ナセル大統領は「撤退だ」と答えている。

「撤退ですか」

「アラブの領土から完全に撤退してもらいたい」

「一方的に、ですか。何の見返りもなく？」

「見返りなどいらない。われわれの土地だ。メイア首相は撤退を確約すべきだ」

この見解に対して、アメリカ人法律家はこんな質問を投げかけている。

「メイア首相が明日の朝、イスラエルのテレビとラジオで『イスラエル国民を代表し、一九六七年の占領地から完全撤退することをここに約束します。シナイ半島とガザ地区、ヨルダン川西岸、エルサレム、ゴラン高原を返還します。アラブ諸国からの見返りは一切ありません』といったらどうなるでしょうね」

ナセル大統領は笑い出し「帰ったらつるし上げられるだろうね」と述べている。

自分たちがイスラエルに提示している条件がいかに非現実的かを悟ったのか、大統領はその日のうちに休戦協定を受け入れる意向があるとの声明を出した。

◆相手には気のすむまで〝ガス抜き〟をさせよ

交渉では、時間の多くが批判や指摘に費やされることになるが、それらを拒絶してはいけない。むしろ、どんどん批判してもらってかまわないという姿勢を示そう。諾否《だくひ》を問うかわりに、どこが問題かと尋ねることだ。

「この昇給案で考慮されていない点はあるでしょうか。ご意見はどんどんおっしゃってくださいね」とうながし、それらの意見からどのような利益に関心があるのかを判断して、相手の目線で改善していこう。

新たな知識に照らして、アイデアを練り直すのである。そうすることで、批判は障害ではなく、むしろ合意のプロセスに必要な要素となる。

「七百五十名の給与を一律に上げるのであれば二〇〇〇ドルが限界であると、そう理解してよろしいですか。でしたら、正規教員が七百五十名以下になったときの剰余金は毎月賞与として分配するという条項をつけ加えるのはどうでしょう」

批判を建設的に活用していくもう一つの方法は、状況が入れ替わった場合を想定してアドバイスしてもらうことである。こちらの立場だったらどうするかと尋ねてみよう。

「いつクビを切られるかわからないということになったら、みなさんならどうされますか。教師たちは解雇と実質賃金の低下に危機感を抱いていて、武闘派の組合に任せようかという話まで出ています。みなさんがこの学校の組合幹部だったらどうされますか」

そうやってこちらの問題に目を向けてもらえば、自分たちの関心事に配慮した解決法を考えてもらえるかもしれない。

「教員のみなさんは自分たちの声が無視されていると感じられているようですね。そのあたりも改善が必要かもしれません。教員側と教育委で定期的に話し合いをもってはどうでしょうか」

また、自分自身が攻撃されることもよくある。そのようなときには、弁明して逆にいい返したくなるが、ぐっとこらえてガス抜きが終わるのをじっと待とう。耳を傾けて理解を示し、いい尽くしたところを見計らって攻撃の矛先を交渉の本題に向けてしまうのがいい。

「ストをするのは子どもたちを軽視している証拠だとおっしゃいましたね。子どもたちの教育の権利が奪われることは私たちも本意ではありません。私たちの教え子ですし、早くストを終わらせて授業に戻りたいと思っています。できるだけ早期に解決するためにお互い何をするべきか、一緒に考えていきませんか」

◆この沈黙は「最強の武器」

「交渉の柔術」の使い手が用いる主な武器は二つある。

一つは、**断定のかわりに質問を活用すること**。断定は反発を招くが、質問すれば相手の見解を引き出して理解を深められる。質問された側は問題に向き合うことを迫られるので、うまくやれば相手の意識を本題に向けられる。質問は条件提示と違い、攻撃されることもない。しかも、批判を避けて相手を導いていくことができる。

「教師たちの意見もとり入れて協力をとりつけたほうが、気持ちを無視した〝押しつけ〟と感じさせて、反発されるよりいいのではありませんか」

もう一つの武器は「沈黙」だ。沈黙はあなたに与えられている最大の武器の一つであり、活用しない手はない。向こうが理不尽な条件を提示してきたり、不当だと感じる自分個人への攻撃をしてきたときは、何もいわないのがもっとも有効な手段になることがある。

こちらが真剣に質問しているのにまともに答えてもらえないときも、ひたすら無言で待とう。私たちは沈黙が苦手で、とりわけ自分のいったことに理がないと感じているときは、落ち着かない気分になる。教師側の代表者の一人が「解雇の方針に私たちの意見を反映していけない理由が何かあるのでしょうか」と尋ねれば、教育委員長は返答に窮《きゅう》するかもしれない。「解雇は純粋に教育行政上の問題なので……そうですね、教員の皆さんが解雇方針に関心をもたれるのは当然でしょう。ただ、教師の能力を判断するのに教師が向いているかと申しますと……いやその、私が申し上げたいのはつまり……」

沈黙は場の空気を停滞させるので、質問された相手は、答えるなり別の提案をするなりしないと間がもたない。

質問したあとは、黙って返事を待とう。別の質問をたたみかけたり、自分の意見をいったりして相手に余裕を与えないこと。交渉では、じっと黙っていることでもっとも大きな成果が上がるケースも少なくない。

◆どんどん聞き出す質問術

これらの努力をしても交渉を駆け引き型から原則立脚型に変えられなかったときは、第三者に介入してもらうことを考えることになる。家を新築する夫婦のシンプルな例で見てみよう。

妻は出窓と煙突のある二階建ての家を望んでいて、夫は収納スペースたっぷりのガレージと書斎のある、ナチュラルだけれどモダンな平屋にしたいと思っている。

「リビングはどうする」「それはどうしても譲れない？」などの質問をお互いに投げかけ、それらに答えていくことで、それぞれが望むプランはしだいに固まっていく。建築士にラフな見取図を書いてもらい、次いでより詳細な図面を作成してもらうが、その過程で二人はどんどん自分の条件に固執していく。

もう少し自由に使えるスペースが欲しいとの妻の要望で、夫はガレージの奥行きを三〇センチ短くすることに同意する。一方、自分の図面にも書かれていないのに妻が長年の夢だといい出した裏庭のベランダについては、夫が押し切ってあきらめさせる。二人はそれぞれのプランにこだわって相手のプランを批判し、お互いを傷つけ合ってコミュニケーションもどんどん困難になっていく。譲歩すればさらなる譲歩を迫られる可能性が高いので、どちらも意固地にならざるを得ない。

これは駆け引き型交渉の典型的な例だ。このように、交渉の本題の創造的解決に目を向けさせるのが困難な状況では、第三者に介入してもらうとうまくいくことがある。**直接関わっている当事者には難しくても、調停役なら人と問題をうまく切り離し、利益と選択肢に注目した議論に導ける場合がある**のだ。また、立場の違いを解決する公平な基準を提示できることも多い。

アイデアを出す作業と判断する作業を切り離したり、合意に必要な意思決定の数を減らしたりする助けにもなり、その合意で何が得られるのかを見極めやすくもなる。それらを実現するのに有効な方法の一つが「統一案方式」だ。

住宅の設計をめぐる夫婦の話し合いなら、それまでの経緯に関わっていない建築士を呼び、それぞれが現在主張している条件（プラン）を伝える。ただ、こうした第三者が常に手際よく振る舞えるとはかぎらない。お互いの話を聞いて条件を明確にさせ、お互いが譲歩できる部分を延々と話し合わせて、特定の合意条件へのこだわりをかえって強めてしまうこともある。

「統一案方式」を知っている建築士なら、おそらくそんなことにはならない。そのような建築士は表面的な条件ではなく、お互いがどんな利益を望んでいるのかを明らかにしようとする。妻が望んでいる出窓の大きさを聞くかわりに、なぜ出窓をつけたいのかを聞き出すのだ。

妻には「とり込みたいのは朝の日光ですか、午後の日差しですか。窓から外の景色が見えるようにしたいのですか、それとも家の中が見えるようにしたいとか？」と尋ね、夫には「ガレージが欲しい理由は何でしょう。どんなものを収納したいのですか。書斎では何をされるのでしょう。読書ですか。テレビをご覧になるのですか。友人を招かれますか。使うのは日中？　夜？　それとも週末？」と尋ねる。

その際には、譲歩させることが目的ではなく、可能性を探って解決策を提案するためだと両者にはっきり告げておく。ただし、この段階で建築士がやるのは、お互いのニーズや利益について可能なかぎり多くの情報を集めることである。いい提案ができるかはその結果しだいだ。

聞き出す作業が終わったら、建築士はそれぞれのニーズや利益をリストにする。

「朝の日光、暖炉、くつろいで読書ができる場所、日曜大工の作業場、除雪機と中型車の収納場所……」といったリストができたら、二人に順に見せ、批判意識を働かせて問題点や改善点を指摘してもらう。譲歩するのは難しくても、批判的な指摘ならたいていの人は得意だ。

数日後、建築士はラフな見取図を携えてやってくる。

「私自身はこのプランにまだ納得していませんが、さらに詰める前にご意見をうかがっておこうと思いまして。何かご不満な点はございますか」と尋ねる建築士に、夫はたとえばこんなふうに答える。

「そうだな〜、バスルームが寝室から離れすぎているかもしれない。本を置く十分なスペースもないような。人を泊める場所もないですね」

妻に対しても同様の質問がなされる。

さらに数日後、建築士は二枚目の見取図をもってきて、同じように問題点の指摘を促す。

「バスルームと本の置き場の問題を考えてみました。書斎を予備の寝室にすることにして、収納スペースも増やしてみました。何かご意見はございますか」

このような形でプランを詰めていくと、当事者は自分にとってもっとも重要な問題から口にするのが普通で、細かいことは自然と後回しになる。譲歩を気にする必要もないので、妻は優先すべきニーズをきちんと建築士に伝えていけるだろう。建築士自身も含め、プランの策定に〝我《エゴ》〟が入り込む余地もない。

こうして予算の範囲内で利益を調整するベスト案を考えていけば、判断が後回しになり、正式な発言ととられることを恐れずにアイデアを出していける。妻も夫も譲歩の駆け引きにとらわれず、同じ側に立って設計プランの問題点を指摘し、建築士が最終的な調停案をまとめるのを助けていくことができる。

三枚目、四枚目、五枚目と見取図が描き直されていき、これ以上改善できないと思ったところで建築士はこういう。

「さまざまなご要望をできるかぎり調整してみました。私の力ではこれがベストです。ご指摘のあった問題や対立点の多くは、建築・技術分野の標準的なアプローチや過去の例を参考に、専門的見地で解決を図りました。どうぞご覧になってください。私といたしましてはこのプランになさることをおすすめいたします」

これに対する夫婦の対応は二つに一つ。イエスかノーかである。合意内容にあいまいな部分は一切ない。受け入れを判断する際には、相手がイエスなら自分もイエス、という形にすることもできる。統一案方式を使うと、駆け引き型から脱却できる上、多様な選択肢を考えてその中から一緒に選びとる作業を大幅に単純化できる。

他の交渉でも、建築士の役目を果たせる人間がいないか考えてみよう。第三者を調停役として招く以外にも、当事者が複数いる場合は、争点に関して具体的条件はどうでもいいが、とにかく合意が成立してほしいと考えている当事者に、その役を果たしてもらうこともできる。

その役目を果たすのがあなた自身というケースも多いはずだ。たとえばあなたがプラスチック工場の営業担当で、ペットボトルの製造会社と大量受注の交渉をするとしよう。その会社は特殊なプラスチックを求めているが、工場側は設備を変える必要があるので乗り気でない。

この場合、あなたの給料により大きく響くのは、細かい条件より、合意そのものを実現できるかどうかである。

あなたが上院議員の立法アシスタントで、その議員が特定の予算案を通したがっており、額が一〇〇〇万ドルか一一〇〇万ドルかにはこだわっていないといったケースも同じだ。

あなたが部長で、何かの実行方法で対立している二人の部下がいるときも、どちらかの方法を選ぶより二人が納得する形で調整したいと考えるかもしれない。

いずれの場合もあなたは当事者ではあるが、調停役になって統一案方式で話をまとめていくことが、自分にとってもっとも大きな利益になる可能性がある。自分が関わっている問題の調停役に、自分自身がなるわけだ。

統一案方式のとりわけ有名な例としては、一九七八年九月のキャンプ・デービッド会談でアメリカがエジプトとイスラエルを調停したケースが挙げられる。

アメリカは両国の言い分に耳を傾けて暫定草案を作成し、問題点を指摘してもらって書き直す作業を、これ以上は無理というところまでくり返した。十三日後、二十三番目の草案で、アメリカはこれなら勧告に使えそうだという結論に達し、カーター大統領はイスラエルとエジプトにそれを提示した。

その結果、両国はその統一案を受け入れたのである。双方の意思決定の回数と、判断する内容のあいまいさを減らし、条件にどんどん固執してしまう状況を回避する物理的システムを導入することで、効果的に合意を達成できたのだ。

統一案方式は、二者が調停者を交えて交渉する際にも大いに役立つが、交渉当事者が多い場合は不可欠といっていい。一五〇の国が一五〇の提案を出せば、建設的な話し合いなど望むべくもない。譲歩を見返りに譲歩するのも、相手が残りの一四九カ国となれば不可能だ。また、さまざまな提案に含まれる条件を組み合わせたとしても、最善の解決になる可能性は低い。

「ラクダは合議で決まった馬」という古いジョークがあるくらいだ。当事者が複数の場合は、結果を損なわずに意思決定をシンプルにすることが不可欠で、それを達成するのが統一案方式なのである。

海洋法の協議は、外交経験豊富なシンガポールのトミー・コー大使が発案した統一案方式の原型をとり入れたときから、みるみる進展しはじめた。これは、参加者が複数のグループに分かれて異なる問題を協議するというもので、それぞれ選任された議長が草案を作成し、問題点の指摘をうながして改善案を書き直していった。

アパルトヘイトの廃止と多民族民主主義の実現につながった南アフリカの憲法協議の一部でも、同様の手法が使われている。(※訳注)

統一案方式で特筆すべきは、ほとんどのケースで誰の同意も得る必要がない点だ。単純に草案をつくって、問題点を指摘してもらえばいい。これも、あなたがアプローチを変えることで流れが自然に切り替わる例である。相手(やこちら)が直接対話に消極的な場合は、第三者に草案を回してもらえばいい。

(※訳注)南アフリカの例については、統一案方式を推進したのが南アフリカの有能な財界人たちだった点が興味深い。彼らはとても中立とは呼べない存在だったが、内戦を避けて安定と繁栄を維持することを何より優先すべきとの共通認識をもっており、優れたプロセスを導入することが一番自分たちの利益にかなう行動だと考えていた。

◆やり手の業者を陥落させた交渉戦略

次の会話は大家と借り主の間に実際に起こった争いである。この事例は、相手が原則立脚型交渉に乗ってこないときに自分からアプローチを変えて対処するヒントになるはずだ。

ある年の三月、フランク・ターンブルがジョーンズ不動産から月額一二〇〇ドルでアパートの一部屋を借りたことに端を発する。

七月、ルームメイトのポールと住んでいたその部屋の賃貸契約を解約しようとした際に、彼はアパートが家賃統制の対象になっていることに気づいた。定められている最大額は月額九三二ドルで、払い続けた額より二六八ドル少ない。不当な額を払わされたと感じたターンブルは、不動産会社のジョーンズ夫人に連絡して話し合うことにした。

当初彼女は反発し、「自分に非はない、恩知らずにも脅迫するのか」とターンブルを非難した。しかし、最終的に、ジョーンズ夫人はターンブルとルームメイトへの返金に応じている。しかも、最後はかなり態度が柔らかくなり、申し訳なさそうだった。

ターンブルは終始、原則立脚型の手法で話し合いを続けたが、そのやりとりの一部を紹介しよう。また、同じような状況で使えるフレーズを紹介し、効果を分析していく。

「間違っていたらおっしゃってください」

ターンブル　ジョーンズさん、間違っていたらおっしゃってください。僕たちのアパートは家賃統制の対象物件ですよね。法定上限額は月額九三二ドルだと教わりました。それとも僕たちの情報が間違っているのでしょうか。

【分析】　原則立脚型交渉の重要なポイントは、事実や正当な根拠にもとづく主張には耳をふさがないということである。こちらが客観的事実だと思っていることが間違っているかもしれないという前提に立ち、必要があれば訂正してほしいと告げることで、理性的な話し合いの足場をつくった。

また、提示した事実への同意ないし訂正を求めることにより、話し合いへの参加を促している。これにより、一緒に事実を解明していく空気がつくられ、対立が和らいだ。ターンブルが自分の情報こそ「絶対事実だ」と断定していたら、ジョーンズ夫人は見下され脅されていると感じ、反発していたかもしれない。

ターンブルの情報を事実と認めることを頑《かたく》なに拒んでいた可能性もある。情報に不正確な部分があったり、不完全だったりした場合は、その可能性はさらに高まるだろう。それでは建設的な形で交渉をスタートさせることはできなかったはずだ。

訂正を求めることで、情報が本当に間違っていた場合も認めやすくなる。ジョーンズ夫人に事実だと伝えたことが違っていたと、あとでわかればバツの悪いことになり、他の発言まですべて疑いの目で見られる可能性も高い。

訂正や主張を受け入れる姿勢を示すことは、原則立脚型交渉の柱の一つである。まずは、あなた自身が相手の意見を受け入れる態度を示していこう。

「これまでのご厚情に感謝しています」

ターンブル　ご好意でアパートに住ませてもらったことを、ポールも僕も感謝しています。いろいろとお世話になりました。

【分析】人と問題を分け、関係性と本題を切り離すには、相手への配慮を示すことが欠かせない。ターンブルはジョーンズ夫人の厚情に感謝の気持ちを示すことで、「個人的なうらみがあるわけではありません。あなたのことはとても親切な方だと思っています」というメッセージを伝えている。こうして彼は相手の側に身を置き、自己像をおびやかされる不安をとり除いた。

また、相手を褒《ほ》め、立場に配慮すると、今後もそういう扱いが続くという認識が相手の中にもたらされる。感謝されたジョーンズ夫人の心には、ターンブルの好意を失いたくないという気持ちが芽生えてきたのである。

「公正な形で解決したいだけです」

ターンブル　払いすぎでないことを確かめたいだけなのです。アパートに住んでいた期間に鑑《かんが》みて公正な金額だと納得できたら、問題解決ということですぐに引き払います。

【分析】ターンブルは原則立脚型の基本戦術をとり、それを貫く姿勢を示している。この交渉原則に拠《よ》らなければ折れるつもりはないという態度だ。

それと同時に、同じ原則に照らして正当な主張は受け入れるつもりだという意思表示もしているので、ジョーンズ夫人は理詰めで利益を追求する以外の方法はとりにくくなった。

ターンブルは原則を押し通すために自分側の立場の強みをあからさまに利用することは避けた。つまり、目的のみならず手段に関しても原則を守っている。彼は、自分の目的は賃貸料を居住期間に見合ったものにすることであり、納得すれば出ていくと明言している。

「どちらがどんな手段をとれるかではなく、客観的な基準で解決したいのです」

ジョーンズ夫人　あなたの口から公正なんて言葉が出てくるのはおかしいわ。あなたとポールが欲しいのは要するにお金でしょ。まだ住んでいてこっちが弱い立場だから、それを利用して引き出そうとしてる。何て人たちなの。できることなら今日中に追い出したいところよ。

ターンブル（怒りを抑えて）こちらの考えがうまく伝わってないようです。もちろん、お金をいただければポールも僕も助かりますし、その気になれば立ち退き命令が出るまで居座ることもできるでしょう。でも、そういう話ではないのです。

多少のお金を手に入れることより大事なことが僕たちにはあります。公正な契約だったと納得することです。契約が不当だと感じたら誰でもいい気はしませんよ。

だからといって居住権の争いにしてしまったら裁判沙汰になるし、ものすごく時間とお金がかかります。めちゃくちゃ面倒くさいことになるじゃないですか。ジョーンズさんも同じでしょう。そんなことになってもいいのでしょうか。

客観的な基準にもとづいて、公正な形で解決したいのです。どちらがどんな手段をとれるかで決めるべきではないと思っています。

【分析】 ジョーンズ夫人は、原則立脚型の考えを説明するターンブルに対し、そんなのは建前だと切り捨てている。夫人はこの交渉を意志のぶつかり合いととらえていて、可能なら今日二人を追い出すのが自分の意志だと伝えている。

ターンブルが怒りに身を任せていれば、交渉をコントロールできなくなっていただろう。「追い出せるものなら追い出してみるといい。次に会うときは法廷ですね。営業免許をとり上げてもらいますから、その覚悟で」などといい放っていたら、その場で交渉は決裂し、多くの時間と労力を浪費することになったに違いない。心中も穏やかでないだろう。

しかし、彼は売り言葉に買い言葉の事態を避け、交渉の本題に話を戻した。

ターンブルはジョーンズ夫人の誤解が自分のせいだという態度をとることで、攻撃の矛先を交渉内容に向け、原則にもとづいて合理的に解決したいという真摯《しんし》な気持ちを伝えようとした。自分の利益に関心がないわけではないことや、自分が強い立場だということも、隠すどころか正直に認めている。そうすることで、交渉の本題からそれらを切り離し、純粋に解決を図っていくことができる。

「信用するしないの問題ではありません」

ジョーンズ夫人　私を信用しないの？　いろいろしてあげたのに！

ターンブル　ジョーンズさんのこれまでのご厚情には心から感謝しています。信用するしない、ではなくて、あくまで原理原則の問題なのです。払いすぎていたかどうかをはっきりさせたいのですよ。それを判断する参考になるようなものはありませんか。

【分析】　ジョーンズ夫人は信用をもち出すことでターンブルを追い詰めようとしている。ターンブルが自分の主張にこだわれば信用していないことになり、そうでないことを示すには主張をとり下げざるを得ない。

これに対してターンブルはあらためて夫人に謝意を表し、信用の問題ではないのだと説明してうまく切り抜けている。ジョーンズ夫人を立てつつ、原則も堅持した。その際には「でも」のような逆接の接続詞を用いるのは避け、順接的な含みで言葉をつなげている。「でも」や「しかし」は、取り消しのキーワードといわれることもあり、前後の文のどちらかが一方のみが正しいという含意で前言を否定するのに用いられる傾向がある。

一方、順接は、現実はもっと複雑で二つの考えが同時に正しいこともありうるというスタンスの話のつなげ方だ。ターンブルは順接的な話し方をすることで、私の言い分を聞いてもらえているという印象をジョーンズ夫人に与えると同時に、信用していないという非難は筋違いだというメッセージも送っている。

また、単に信用の議論を退けるだけでなく、参考になる要因を尋ねることで原則の話し合いに流れを戻している。

ターンブルはジョーンズ夫人を責めることなく、「払いすぎかどうかを知りたい」と個人攻撃を避けた質問で追及している。

仮にターンブルが夫人を信用していなかったとしても、そのことを告げるのは得策ではない。そんなことをすれば夫人が反発し、自分の条件に固執したり交渉を拒否したりする可能性が高いからだ。

相手がジョーンズ夫人のように信用してほしいというアピールで論点をそらそうとしてきたときは、「信用するしない、の問題ではありません」などのフレーズでいなしてしまおう。

「事実確認のためにいくつか質問してよろしいですか」

ターンブル　自分の聞いた情報が事実か確認するために、いくつか質問してもいいですか。

アパートは本当に家賃統制の対象なのでしょうか。

法定上限金額が九三二ドルというのは本当ですか。

ポールは僕たちも違法行為に関わったことになるのではないかと心配していましたが、そのあたりはどうなんでしょう。

ポールが賃貸契約書にサインしたとき、アパートが家賃統制の対象で家賃が法廷上限額を二六八ドル上回っていることを誰かが伝えていた事実はあるのでしょうか。

【分析】　事実を断定的に突きつけられると、説教されていると感じたり脅威を覚えたりしやすい。できるだけ質問形式にしよう。

ターンブルはこういうこともできた。

「家賃の法定上限額は九三二ドルです。あなたの設定した家賃は違法ですよ。しかも、僕たちを知らないうちに違法行為に巻き込んだ」

しかし、そんな言い方をしていたら、恫喝《どうかつ》してまで自分たちの目的をかなえたいのかと、ジョーンズ夫人は激しく反発していただろう。

それぞれの情報を質問の形で提示したことで、ジョーンズ夫人を話し合いに引き込むことができたのである。それにより、夫人がそれらの情報に耳を傾け、真偽を判断して同意や訂正をすることが可能になった。

また、核心をつく質問をその場にいないルームメイトの言葉として伝えることで、言葉のもつ印象を柔らかくしている。

「あなたの行動の根拠となっているのはどんな考えですか」

ターンブル　月額一二〇〇ドルに設定した理由が今ひとつわかりません。どんな根拠があったのでしょうか。

【分析】原則立脚型交渉者は相手の条件を丸飲みにすることも、突っぱねることもしない。ターンブルは交渉案件の解決という本質的な話を進めるため、ジョーンズ夫人に提示した条件の根拠（理）を尋ねている。根拠があったのかという聞き方はせず、正当な根拠があったという前提で話しているのもポイントだ。

このように相手を立てることで、相手は条件に理のあるなしにかかわらず、それを探すことになる。その結果、原則立脚路線で話が進むことになる。

「このように理解してよろしいでしょうか」

ターンブル　あなたのおっしゃることは、このようなことだと理解していいですか。つまり、前回の評価の後に修繕や改装をいろいろやったので、僕たちの払った家賃は妥当な額と考えていらっしゃるということで間違いないでしょうか。僕たちが住んだ数カ月間に家賃統制委員会に申請し直すのが面倒だったということでしょうか。

それに、ポールに貸したのは好意からだったということですね。ところが、僕たちが有利な立場を利用して、出ていくのと引き換えにお金をとろうとしていると思っていらっしゃる。何か間違っているところはないでしょうか。

【分析】　原則立脚型交渉では、よいコミュニケーションが不可欠である。ターンブルはジョーンズ夫人の主張に反論する前に、肯定的視点でそれらをいい直し、理解が正しいか確認している。

理解してもらえていると夫人が感じれば、態度が和らいで建設的な話し合いができるようになる。ターンブルの主張を、事情を知らないくせにと切り捨てることもできなくなる。その結果、話の内容に耳を傾けてもらいやすくなり、受け入れてもらえる見込みが高まる。

「また改めてお話しできませんか」

ターンブル　ジョーンズさんのお考えが理解できたように思います。ルームメイトにも説明しますので、また明日、ご都合のいいときにお話しできませんか。

【分析】優れた交渉者は、その場で重要な判断を下すことはまずない。相手が目の前にいると、好意的に振る舞いたい、譲歩してしまいたいという心理が強く働くからだ。距離を置いて考える時間をつくれば、人と問題を切り離して冷静に判断しやすくなる。

また、優れた交渉者は、引き上げたいときに引き上げられるように、もっともな理由も用意しておく。ただしそれは、消極的とか優柔不断といった印象を与えるものであってはならない。ターンブルは予定している行動を自信をもって告げ、交渉再開の日時を設定している。決然とした態度をとりつつ、交渉の流れをコントロールしている。

交渉の場を離れたあと、ターンブルは明らかになった情報のキーポイントについて「利害関係者」のポールと話し合うことができる。場に流されずに全体を見渡し、どのような判断を下すかを決められる。
交渉の場に長く居続けると、原則立脚型にこだわり続けるのがしんどくなってくることがあるが、そういうときは、また日を改めて新たな気持ちで交渉に臨めばいい。

「根拠の部分でちょっと理解できないところがあります」

ターンブル　月額が二六八ドル高く設定されていた根拠で、いくつか理解できない部分があります。理由の一つはアパートの修繕と改装ですよね。家賃統制の調査員に聞いたところ、月額二六八ドルのアップに相当するのは改修に三万ドルくらいかかった場合だそうです。実際の額はどれくらいだったのでしょう。
ポールも僕も、三万ドル分の改修が行なわれたとは思えないというのが正直なところです。直してもらう約束だった床の穴もまだ直っていませんし、トイレは何度も壊れています。他にもいろいろ問題や不具合がありました。

【分析】　原則立脚型交渉では、自分側の提案をする前に根拠を述べる。あとで考え方（原則）を述べてしまうと、客観的基準ではなく、思いつきの理由づけという印象をもたれてしまう。

ターンブルはまず自分側の根拠を述べることで、相手の意見を受け入れる用意があることや、ジョーンズ夫人に納得してもらうことが大前提だという態度を示している。先に条件提示をしていたら、ジョーンズ夫人は根拠に耳を傾けなかっただろう。どうやって反論するか、どんな対抗条件を出すかを必死に考えたにちがいない。

ターンブルはまた、自分の要求の根拠となる客観的基準も調べている。家賃統制委員会に連絡して、どれくらいの改修費をかけると月二六八ドルの増額が正当化されるのかを確かめた。交渉の準備段階では、自分の主張の根拠になる基準と、誰に確認すればいいかを見極めることが大切だ。知りたい情報をどんな質問で聞き出すのかも考えておこう。

「公正な解決策の一つは……」

ターンブル　これまで話し合ってきた要因を考え合わせた結果、公正な解決策の一つは法定上限を超える分の家賃を精算してもらうことだというのが僕とポールの結論です。ジョーンズさんはどう思われますか。

【分析】　ターンブルは提案を自分側の条件としてではなく、一緒に検討するべき公正な合意の選択肢（合意案）の一つとして提示している。唯一の案ではなく、あくまでその一つとい

うスタンスだ。条件に固執することを避けつつ具体的な案を提示し、反論があればいってほしいと述べている。

「**合意できた場合は……。合意できなかった場合は……**」

ターンブル　今ここで合意できたら、僕とポールは速やかに出ていきます。合意に至らない場合については、家賃統制委員会の聞き取り調査員から、アパートに残るか過払い返還訴訟を起こすか、あるいはその両方を実行することをアドバイスされています。返還額は三倍賠償と訴訟費用を合わせた金額になりそうです。

ただ、ポールも僕も居座ったり裁判にしたりすることはまったく望んでいません。話し合いで、お互い納得できる公正な解決策を見出せると思っています。

【分析】　ターンブルは、ジョーンズ夫人が提案に対してイエスをいいやすくなる状況をつくろうとしている。その一つが、合意してさえもらえれば問題は即座に解決すると最初に伝えることだ。

難しいのは、合意できなかった場合の代替行動の伝え方である。あくまでも、波風は立てたくない。そこで、法的権限をもつ第三者（聞き取り調査員）を引き合いに出して、代替行動が客観的基準にもとづくものであることを伝え、自分自身は距離を置いている。また、必ずその行動に出ると表明することも避け、あくまで可能性の一つで過激なことはしたくないという意思をきちんと伝えている。最後は、お互いに納得できる合意に至れると確信していることを伝えて締めくくっている。

ターンブルの「交渉が決裂した場合にとれるベストな行動」が、アパートに居座ったり、裁判に訴えることであったりする可能性は低い。ターンブルとポールはすでに別のアパートを借りていて、本来ならすぐにでも引っ越したいからだ。時間的余裕もないので訴訟は負担になるし、たとえ勝ったとしてもお金を回収できない可能性もある。

したがって、ターンブルの「交渉が決裂した場合にとれるベストな行動」はおそらく、素直にアパートを出て一三四〇ドルの過払い家賃を忘れてしまうことだ。これはジョーンズ夫人が想像しているものより劣った内容である可能性が高いので、ターンブルは伝えていない。

「ご都合のよろしいときに出ていきたいと思っています」

ジョーンズ夫人　いつ出ていくつもり?

ターンブル　居住期間に見合った家賃の折り合いがつきしだい、ご都合のよろしいときに出ていきたいと思っています。いつごろがよろしいですか。

【分析】お互いの利益が実現できそうだと感じたターンブルは、ジョーンズ夫人の望みをかなえる方法を話し合う姿勢を示している。結局、ターンブルと夫人には「速やかに出ていくこと」という共通の利益があることが明らかになった。

合意内容に夫人側の利益を盛り込んだことで、合意に対する夫人の関心が強まった一方で、面子《めんつ》も守られている。夫人は、お金はかかっても公正な結論に達してよかったという気持ちになり、借家人を早期に立ち退かせることに成功したという満足感も得ている。

「一緒に解決できてよかったです」

ターンブル　僕もポールも心から感謝しています。今までいろいろとお世話になりました。この問題も、一緒に公正な形で解決できて、本当によかったです。

ジョーンズ夫人　こちらこそお礼をいうわ。楽しい夏を過ごしてね。

【分析】ターンブルはジョーンズ夫人に改めて好意的な言葉をかけ、交渉を締めくくっている。「関係」と切り離して問題を話し合った結果、どちらも不当な結論とは感じておらず、怒りも抱いていない。今後も良好な関係が続くはずだ。

相手が「汚い手口」を使ってきたら

原則立脚型交渉が優れているということは十分おわかりいただけたことと思う。だが、あなたをだましたり、足をすくおうとしたりしてくる相手にはどう対処すればいいのだろう。いよいよ合意という段になってから、要求を引き上げてくる場合もあるかもしれない。

交渉で相手につけ込むための戦術や手管《てくだ》はたくさんある。誰でもいくつかは知っているだろう。単純に嘘でだますものから人間心理につけ入るもの、さまざまな形で圧力をかけるものまでいろいろだ。違法なものもあれば、モラルに反するものもあり、単純に不快なものもある。

いずれも目的は、原則に拠らない意志のぶつかり合いにおいて実利を「勝ちとる」ことだ。このような戦術を「手練《てれん》手管型交渉」と呼ぶこともできるだろう。

相手がこの戦術を用いていることに気づいた人の多くは、二つの態度をとる。

一つめは、角が立つのを嫌って我慢してしまうケース。悪意はないのかもしれないとプラス方向に考える人もいれば、怒りをこらえ、もう二度と、とり引きしないと心に誓う人もいるだろう。いずれにしても、その場では感情を表に出さず、うまく乗り切ることに期待をかける。ほとんどの人はこのタイプで、今回折れれば満足して、それ以上つけ込まれないのではないかと思ったりする。その通りになることもあるが、現実には裏目に出ることのほうが多い。

一九三八年にイギリスのチェンバレン首相がヒトラーの交渉戦術に対してとったのもこの態度だった。この年、ミュンヘンで行なわれた交渉で、合意にこぎ着けたと思ったチェンバレン首相に対し、ヒトラーは要求を引き上げてきた。チェンバレン首相は戦争を避けるためにこれを飲んだが、翌年、第二次大戦が勃発している。

一般的に見られる二つめの態度は、同じ戦術で対抗するものだ。相手が法外な高値を口にすれば、法外な安値を突きつける。だまそうとしていれば、こちらもだましにかかる。脅しには脅しで対抗する。向こうが条件にこだわる態度を見せれば、さらに頑なに自分の条件を死守しようとする。その結果、どちらかが折れる一方的な合意になったり、(実際はこちらのほうが圧倒的に多いが)交渉そのものが決裂したりする。

これらの戦術は、正当な交渉手法とはいいがたい。相互性を欠いているからだ。一方だけがそれを行使し、相手側が気づかない、あるいは気づいても文句をいわないことが前提になっているのである。一方的に条件を押しつけてくる相手には、その条件に正当な理があるか問いただすのが有効だという話をした。

手練手管型交渉とは要するに、交渉手続きの一方的な押しつけにほかならない。したがって、それに対抗するには、交渉手続きに関して原則立脚型交渉を適用すればいいことになる。

◆この「ルール」だけは交渉しておく

相手が手練手管を使っていると感じたときに「交渉のルールを交渉していく」プロセスは、三つのステップで構成される。①相手の戦術を見極める、②そのことを話題にする、③戦術の正当性や妥当性を問いただす――である。

問題を解決したければ、問題が何かを知らなければならない。相手が使っているだましの手口、心理的揺さぶり、条件を固定化する戦術がどのようなものかを見極められるようになろう。

戦術がわかっただけで効果を失わせられるケースも少なくない。たとえば、向こうがあなたの判断力を低下させるために個人攻撃をしていることがわかったら、それだけで相手の術策から抜け出せる可能性が高い。

戦術がわかったら、それを俎上《そじょう》に乗せよう。

「ジョーさん。私の思い込みかもしれませんが、あなたとテッドさんが例のいい人役とコワモテ役の役割分担をしているなんてことはないですよね。お二人だけで見解のすり合わせをしたいときは、遠慮なさらずおっしゃってください」

こんなふうに戦術を話題にすると、効果が薄れるだけでなく、こちらが交渉を拒絶するのではないかという不安を相手に抱かせることができる。疑問を投げかけるだけで、相手がその戦術を使わなくなることがあるのだ。

ただし、戦術を話題にする最大の目的は、交渉のルールについて話し合うことである。これが三つめのステップだ。こちらは交渉案件そのものではなく手続きの交渉だが、効率的かつ友好的に「優れた合意」を目指す点に変わりはない。合意の対象が手続きになっただけで、やるべきことはまったく同じである。

人と問題を切り離す

こちらが不当とみなしている戦術を使ったことで相手を非難しないこと。これをやると相手を意固地にさせて戦術を放棄しにくくさせてしまう恐れがある。また、うらみがくすぶって他の問題にも悪影響が出かねない。相手の人間性ではなく、あくまで戦術に対して疑問を投げかけよう。

「わざと逆光になる場所に座らせましたね」と批判するかわりに、「日差しがまぶしくて集中できません。何とかならないでしょうか。無理なら今日のところは早めに切り上げようかと思います。新しい日程をセッティングしておきましょうか」と本題を攻めていくことだ。

相手の人間性を変えるより、交渉プロセスを変えるほうが簡単である。懲《こ》らしめようなどと考えて交渉の目的から脱線しないように。

条件でなく利益に注目する

相手が自分側の条件や主張を固定化する戦術をとっているときは、利益に目を向けさせることだ。

「極端な主張を死守する態度をマスコミに示しているのはなぜですか。誰かからの批判を恐れているのでしょうか。それとも譲歩しなくてすむようにですか。私も同じことをしたら、どちらの利益にもならないのでは？」

双方の利益に配慮した多様な選択肢を考える

他の交渉方法をいろいろ考えて提案してみよう。

「合意に達するか、合意できないことが明らかになるまで、報道発表は控えるというのはどうでしょう」

客観的基準にもとづく解決にこだわる

交渉の進め方の原則に関しては、あくまでハードな姿勢を貫こう。「私のいすは低めで、後ろのドアが開いていますけど、これには何か理由があるのですか」と尋ね、相互主義の原則にもとづいて「明日はあなたがこちらに座ると考えてよろしいでしょうか」といってみるのもいい。

それぞれの戦術の裏にある戦略を見極め、〝提示されたルール〟とみなして対応しよう。

「相手にコーヒーをこぼす役目を日替わりで交代しませんか」などと応じることもできる。

最後の手段として、自分の「交渉が決裂した場合にとれるベストな行動」を選択して、席を蹴って出てくることも視野に入れておく。

「お互いが望ましい結果を手にできる方法で交渉することにあまり関心をもたれていない印象を受けるのですが、私の気のせいでしょうか。とりあえず電話番号をお渡ししておきます。気が変わられましたらいつでもお電話ください。お電話があるまでは裁判という方向で検討させていただきます」

向こうが事実や権限を意図的に偽ったなどの正当な理由があれば、話し合いを続ける必要はない。相手が本気で合意に関心をもっていれば、おそらく交渉再開を申し入れてくるはずだ。

◆「ずるいやり口」典型的な3パターン

交渉における手練手管は三つのカテゴリーに分類できる。①意図的なごまかし、②心理戦術、③条件を通すための圧力である。どの戦術にも対抗できるようにしておこう。それぞれのカテゴリーについて、よくある例を紹介し、原則立脚型で対抗する方法を述べていくので、ぜひ参考にしていただきたい。

まず、一番典型的な戦術は、事実や権限、意図をごまかすものだ。

情報を偽る

嘘の情報を告げるのは、もっとも古典的な手口の一つだ。

たとえば、中古車販売店でこういわれる。
「走行距離は八〇〇〇〇キロです。前の所有者はカリフォルニア州に住むおばあさんで、時速六〇キロ以上は出したことがないそうです」

嘘の情報を信じてしまうと、大損をする可能性がある。どう対抗すればいいだろう。例によって人と問題を切り離そう。信じるに足る理由がないときは、誰も信用しないことだ。といっても嘘つき扱いしろといっているのではなく、信用の問題と切り離して交渉を進めるということである。そのような態度を、個人攻撃と受けとられないように注意すること。銀行にたっぷり預金があるという客の言葉を鵜呑《うの》みにして、高級腕時計や高級車を売る人間はまずいない。

「〇〇様がそうというわけではありませんが、残念ながら世の中には信用できない方もいらっしゃいますので」などと言い訳しつつ、本当にお金を払えるのかをまず確認するはずだ。

交渉相手にもそれと同じ態度をとればいい。**提示された情報の裏取りを行なうようにすると、だまそうという気持ちが起こりにくくなり、だまされるリスクも減る。**

権限をごまかす

譲歩に関してこちらと同じように全権を与えられている印象を与えておきながら、実はそうでないケースもある。ひたすら強硬に押してくる相手と何とか合意にたどり着けたと思ったら、別の人間の承認を得ないとダメだといってきたりする。

これはかなり不利な状況である。譲歩の権限をもつのがあなただけなら、譲歩するのもあなただけということになる。

交渉の窓口になっているからといって、全権を与えられていると勝手に思い込まないこと。保険査定人、弁護士、営業担当者が、あなたと同じ裁量権をもっているかのような態度をとっていても、そうとはかぎらない。あなたが合意だと思っていたものが、さらなる「交渉の叩き台」に過ぎなかったといったこともありうる。

ギブアンドテイクの具体的交渉をはじめる前に、まずは相手の権限を確認しておこう。「この交渉に関して、○○さんにはどこまで権限があるのでしょうか」と尋ねてみる。ごく正当なこの疑問に対して相手があいまいな返事しかしなかったときは、権限のはっきりした人物との交渉に切り替えることを考えたほうがいい。あるいは、すべての合意事項に関して、相手と同様に見直す権利があることを確認しておくべきだ。

あなたが合意だと思っていたものをさらなる交渉の叩き台だといわれてしまったときは、「相互主義」を主張しよう。

「わかりました。では、どちらに対しても拘束性のない共同暫定案ということにしましょう。

上司の方とご相談なさってみてください。私も内容を見直して、変更すべき点がないか、今一度検討することにします」

あるいは「上司の方が明日この案を承認してくださるのであれば、私も内容の変更を求めることはしません。承認されなかった場合は、双方が変更の権利を留保するということにしましょうか」などと提案することもできる。

このような事態を未然に防ぐ方法の一つは、交渉の早い段階で「全体の合意が成立するまではいずれの事項も変更可能」というコンセンサスをつくっておくことだ。こうしておくと、相手が一つでも変更しようとすればすべての事項が自動的に見直しの対象となる。

意図をごまかす

合意を守る意図があるように装っているだけで、実際には破られる可能性があるときは、コンプライアンス（遵守）の条項を含めてしまうことで解決するケースも多い。

離婚の話し合いで妻側の代理人をしている弁護士の例で考えてみよう。

依頼人は、夫が子どもの養育費の支払いに同意したとしても、払ってもらえないと考えている。毎月裁判所に通うのが大変で、とり立てをあきらめてしまうかもしれない。そんなときはどうすればいいか。

その問題を相手に突きつけ、反論を利用して言質《げんち》を引き出せばいい。たとえば夫側の弁護士にこういってみる。

「こちらの依頼人は養育費が支払われないのではないかと心配しています。月払いにする代わりに、家の純資産を奥さんの財産にするのはどうでしょう」

これに対して相手の弁護士が「私の依頼人の信用性にまったく問題はありません。定期的に養育費を払うことを明文化しておきましょう」といってきたら、こんなふうに応じてみる。

「信用性の問題ではありません。必ず払うという確証はあるのですか」

「もちろんありますよ」

「一〇〇パーセント確かですか」

「ええ、一〇〇パーセント確かです」

「でしたら、付帯条件をつけてもかまいませんね。あなたの依頼人が養育費支払いに同意する、ただし、あなたがゼロ・パーセントだと考えている事態が何らかの理由で生じて支払い遅滞が二度発生したときは、家の純資産がこちらの依頼人に移るというのはどうでしょう。もちろん支払いずみの養育費の分は差し引きますし、以後の養育費の支払い義務も消滅ということになります」

このように提案すれば、夫側の弁護士は断りにくいはずだ。

ここで心に留めておいてほしいのが、「事実や意図を故意にごまかす」ことと、「抱いている考えの一部を相手に伝えない」ことはまったく異なる。すべて開けっぴろげにしないからといって、不誠実ということにはならない。「払える最大額はいくらでしょうか」と聞かれたときには、

「お互い正直にいうのが難しいことに話をもっていくのはやめましょう。合意が無理でどちらにとっても時間のムダだと考えておられるのなら、信頼できる第三者にそれぞれの立場を伝えて、合意可能な範囲が存在するか教えてもらうのはどうでしょうか」などと答えれば、開示しなかった情報に関しても誠実に振る舞ったことになる。

◆小手先の「心理戦術」に乗せられてはいけない！

相手の心に揺さぶりをかけ、無意識のうちに交渉を早く切り上げたいと思わせることを目的とした戦術もある。

ストレスを与える

交渉の環境については、すでにさまざまな分析がなされている。「会議は弊社と貴社のどちらで進めましょうか。あるいは公平な場所をセッティングしますか」といった一見さりげない質問にも注意する必要がある。一般的に「アウェー戦」は不利と信じられているが、実のところ、敵地で交渉を行なったほうが有利な場合もある。相手がリラックスしてこちらの提案を受け入れやすくなるからだ。

また、いざというときに退席しやすいメリットもある。あえて相手側に場所を選ばせることにしたときは、選んだ場所に注目し、どのような効果があるかをよく考える必要がある。

その場所で交渉しているときに、自分がストレスを感じていないか振り返ってみよう。感じているときは、部屋がうるさくないか、暑すぎたり寒すぎたりしないか、こちらの人間だけでは話せないセッティングになっていないかといったことをチェックしてみる。そのような事実がある場合は、早期の合意をうながし、可能なら譲歩させることを狙った意図的なセッティングかもしれない。

交渉環境が相手側に有利になっていることに気づいたら、そのことを遠慮なくいおう。いすの変更や休憩を申し入れたり、場所や日を改めることを提案するといい。

個人攻撃をする

環境以外にも、言葉や態度で相手の心に揺さぶりをかける方法もある。外見や服装についての指摘もその一つだ。

「昨日は徹夜だったみたいですね。お仕事が大変な状況なのですか」などといってきたりする。こちらを待たせたり、中座して他の人間の相手をしたりすることで、地位が下であるかのように感じさせることもある。

他にも、こちらの無知をほのめかす、話に耳を傾けず同じことをくり返させる、わざと目を合わせないなどのテクニックがある（最後のものについては、学生を対象にした簡単な実験で、気力が萎えるケースが多いことがわかっている。しかも、そのような精神状態になっている原因を本人たちは認識していなかった）。

いずれのケースも、こちらが戦術に気づけば効果が失われやすい。また、そのことを指摘すれば、同じ手を使われにくくなる。

いい人役とコワモテ役

ごまかしの要素も含む心理戦術の一つに、いい人役とコワモテ役の役割分担をするものがある。一番わかりやすいのは、古い警察ものの映画によく出てくるシーンだ。

片方の刑事がまぶしいライトを当てて乱暴に扱い、さまざまな容疑で容疑者を責めたあと、部屋を出て行く。入れ替わりにもう一人の刑事が現れて、ライトを消し、タバコを勧めて、乱暴な同僚のことを詫びる。私が守ってやりたいが、協力してくれないと難しいと説得すると、容疑者が落ちて、すべてを自白するというパターンだ。

交渉でも、二人の代表者が争う芝居をすることがある。

片方が「会社は八万ドルの価値があります。一セントでも低い金額で譲るつもりはありません」と強硬な態度に出るのを、もう一人が困ったような顔をして見ている。そしてタイミングを見計らって割り込み、「それはさすがに無理があるのでは。キャッシュフローも縮小気味だったじゃないですか。売掛金は十分な水準でしたが……」というと、こちらを向いて分別顔でいう。

「七万六〇〇〇ドルは可能ですか」

譲歩額は大したことはないが、思い切った妥協をしてくれたように感じられる仕掛けだ。この戦術も心理操作の一つで、気づいてしまえば引っかからない。いい人役が口上を述べ終わったら、コワモテ役のときと同じ質問で応じよう。

「お気遣いをありがとうございます。ただ、その額が妥当であるという根拠を教えてもらえますか。どのような考えにもとづいているのでしょう。妥当な額と納得できたら、八万ドルお支払いする用意がこちらにはあります」

脅す

交渉でもっとも多用されるのがこの戦術である。理由の一つは、脅すほうが提案よりずっと簡単に感じられるためだ。短い言葉で脅しをかけるだけで効果が現われるし、成功すれば実行の必要もない。ただし、相手も同じように脅してくることもあり、その場合は脅しの応酬になって決裂しかねず、関係も損なわれる恐れがある。

脅しは圧力の一種である。だが、圧力で意思を通そうとすると逆効果になることが少なくない。力が反対の方向に働いてしまい、相手を決断しやすくするかわりに、決断しにくい状況をつくってしまうことが多いのだ。

組合や委員会、企業や政府に圧力をかけると、相手側の結束を固めさせてしまうことにもなりかねない。不当な圧力に対抗するために、穏健派と強硬派が共同戦線を張るなどといったことも起こりうる。相手が検討する内容が「この決断をするべきか」から「圧力に屈するべきか」に変わってしまうのだ。

優秀な交渉者は脅しを使うことはまずない。その必要がないからだ。同じことを伝える方法は他にもある。相手の行動の結果がどのようなものになるかを教えたいなら、自分の意志でとれる行動ではなく、意志に関係なく起こってくる事態を指摘すればいい。「警告」のほうが「脅し」よりずっと正当性があるし、脅しで対抗されるリスクも減る。

「合意に至らなければ、マスコミが交渉のドロドロした内幕を公表しようとするでしょうね。これだけ世間の関心が高まっている状況で、情報を隠すのは筋が通りませんし、できるとも思えません。○○さんはどう思われますか」

合意が不成立だったときに自分側の利益を守るためにとることを考えている行動も、警告として相手に伝えてかまわない。その際には、それが圧力目的でも報復でもないことをしっかり理解させる必要がある。「一応、契約が更改されなかった場合の報道発表の原案がここにあります」などといったときに、相手側が「脅す気ですか」などと不快感を示してきたら、自信をもってこう答えればいい。

「とんでもありません。あくまで私どもの利益を守るための措置です。それとも、他にもっといい方法がございますか」

ただしこれは、「本当に脅しではない」という条件つきである。

脅しが効果を上げるにはコミュニケーションがきちんと成立していることが前提となるので、そこをついて効果を減退できることもある。権限がない、短絡的、問題と無関係などの理由で、脅しを無視するのもその一つだ。あるいは、脅しを伝えること自体にリスクが生じるようにすることもできる。

本書の著者の一人が先ごろ調停を行なった炭坑の争議では、電話での爆破予告が相次いだ。いずれもただの脅しだったが、対応するためにかなりのコストがかかっていた。しかし、これらの予告は、会社の受付係が「このお電話は録音されています。どちらの番号におかけになりましたか」と応じるようになってから激減している。

◆〝ゴリ押し〟には、この戦法で対抗できる！

このような圧力は、一方的に譲歩させることを目的とした交渉戦術である。

交渉を拒否してくる

一九七九年一一月にイランのテヘランでアメリカの外交官と大使館員が人質になった事件では、イラン政府が交渉を拒絶して一方的に要求を突きつけた。弁護士も同じ戦術をとることがよくあり、相手側代理人に「法廷で会いましょう」などと通告したりする。向こうが交渉をきっぱり拒否してきたときは、どうすればいいのだろう。

まずは、それが交渉を有利に運ぶための戦術かどうかを見極めよう。交渉に応じる見返りにこちらの譲歩を得ようとしている可能性はないだろうか。有利な交渉条件を設定しようとしている可能性もある。

次いで、交渉を拒否する理由について、相手と話し合おう。直接話してもいいし、第三者を通してもいい。拒否している事実を責めることは避け、交渉しないことによってどんな利益があるかを明らかにしていこう。話し合うことで、こちらに一定のステータスを与えてしまうことを恐れているのかもしれない。

あるいは、交渉に応じると「軟弱」だと批判されるような状況はないだろうか。組織の結束が危うく、交渉すると分裂しかねないのかもしれない。もっと単純に、合意など成立し得ないと考えている可能性もある。

利益の部分が明らかになったら、交渉のやり方に関する選択肢をいくつか提示してみよう。第三者を介する、書簡形式にするといった方法のほかにも、イランのケースのようにジャーナリストなど一般人の議論をうながすといったことも考えられる。

最後のポイントは、あくまで原則にこだわることである。相手に対して、こちらも同じやり方で応じていいのか、有利な交渉条件を押しつけてもいいのか、他国から交渉を拒否されるようになってもいいのか、この問題にどのような原理原則でアプローチしていくべきだと考えているのか、といったことを問いただしていこう。

極端な要求を突きつけてくる

交渉者が最初に極端な条件を提示するケースは少なくない。明らかに三〇万ドルはするあなたの家に対して、一七万五〇〇〇ドルで売ってほしいといってきたりする。これは、あなたの期待値を下げるための戦術だ。

このような相手は、最初に極端な条件を示すと合意結果がそれだけ有利になるとも考えている。最終的に食い違っている条件を折衷することになると思っているからだ。しかし、このアプローチにはデメリットがあり、手練手管を用いている本人もその影響を免《まぬか》れない。お互いが無理だとわかっているような極端な要求を最初にしてしまうと、信用に傷がつきかねないし、とり引きそのものが成立しない恐れもある。見返りをほとんど与えてくれない相手とは、話すだけムダということにもなりかねない。

相手がこのような態度のときも、戦術を指摘するのがいい。その条件がどのような根拠にもとづくものかを追及していけば、相手にとっても理不尽に思えてくるはずだ。

要求をちょっとずつ引き上げてくる

こちらが何かで譲歩するたびに、相手が別の要求をしてくることもある。すでに解決したと思っていることを蒸し返すケースもある。この戦術の利点は、自分側の譲歩を減らせることと、要求をまた引き上げられる前にさっさと合意をまとめてしまいたいという心理を相手側に引き起こせることである。

一九七一年にマルタ共和国の首相がイギリスと交渉するときに、この戦術を使っている。協議の対象となっていたのは海軍と空軍の基地の使用料で、イギリス側が合意に達したと思うたびに、向こうの首相が「わかりました。ただ、ちょっとした問題がまだ一つ残っています」などといってくるのだ。

そのちょっとした問題というのが一〇〇〇万ポンドの現金を前払いすることだったり、契約期間中は造船所と基地で自国民が働けるようにすることだったりといった状況だった。

相手がこの戦術を使っていることに気づいたら、そのことを指摘し、場合によっては休憩を申し入れてしまおう。その間に、交渉を続行すべきか、続行するならどのような形で進めるかを考えるといい。そうすることで、衝動的な反応を避けつつ、相手のとっている行動の深刻さを示唆《しさ》できる。ここでも、原則にこだわることが大事だ。向こうが合意に本気で関心をもっているなら、あなたが交渉の席に戻ったときにより真摯な対応をしてくるだろう。

自分側の条件を固定化してくる

この戦術については、トーマス・シェリングのダイナマイトを積んだ二台のトラックの話が有名だ。

二台のトラックが一車線の道で反対方向から疾走してくる。どちらかがよけないと衝突する状況だ。相手がはっきり見えるところまで接近してきたとき、片方の運転手がハンドルを引き抜いて窓から放り投げてしまう。これを見た対向車の運転手は、正面衝突して爆発炎上するか、よけて側溝に落ちるかのどちらかを選ばなければならない。条件にコミットして自ら譲歩をできなくしてしまう戦術の極端な例だ。

この戦術では、状況をコントロールする力を弱めることで、条件の駆け引き能力が高まるという、一見矛盾したことが起こる。

労使交渉や外交交渉では、実際にこのような戦術がよく使われている。組合代表が組合員に対して、一五パーセント以下の昇給は絶対に受け入れないと宣言したりするのだ。受け入れてしまうと面子が潰れ、信用されなくなるので、経営側に一五パーセントのラインをより強硬に主張できるようになる。

しかし、固定化戦術は両刃《もろは》の剣である。ハッタリとみなされて譲歩を余儀なくされれば、後で自分側の関係者に弁解しなければならなくなる。

また、この戦術も脅し同様コミュニケーションに依存している。こちらがハンドルを投げたことが相手側の運転手に見えていなかったり、緊急用の装置がついていると思われていたりする場合は、意図した効果は得られず、双方が同じように衝突回避のプレッシャーにさらされることになる。

したがって、相手がこの戦術に出てきたときは、コミュニケーションの腰を折ってしまうのも一法だ。相手の行動の効果が薄れるような解釈をしてしまえばいい。

「新聞各社に四〇万ドルでの合意を目指すと発表されたようですね。大きな目標を立てるのは結構なことです。こちらの目標をお話ししましょうか……」

あるいは、冗談をいって、いなしてしまうこともできるだろう。

原則を適用して対抗することもできる。

「そのように公言してしまったことはわかりました。しかし、こちらとしては正当な理屈以外の圧力には屈しない方針です。交渉の本題をどう解決するかを一緒に考えましょう」

いずれの対抗策をとるにせよ、固定化のために相手がとった行動に焦点を合わせることは避ける。面子を失わずに引っ込められるように、うまく焦点をずらそう。

「頑固な関係者」を引き合いに出す

相手の要求に応じられない理由としてもっともよく用いられるのは、自分はいいが別の交渉関係者が頑固な人間なので、と訴える戦術かもしれない。

「まったくもって正当なご要望だと思います。ですが、弊社の上司が絶対首を縦に振らないでしょう」

相手がこの戦術を使ってきたときも、まずそれに気づくことが大事だ。その上で、その戦術には乗らずに、交渉原則に関する合意を図るといい。そのことを文書化するのも一法だ。そして可能なら、その「頑固な関係者」と直接話すようにしよう。

意図的にグズグズ引き延ばす

都合のいいときまで決断を保留しようとするケースもよくある。労組の交渉者はしばしば、ストライキの交渉期限の数時間前まで回答を引き延ばす。経営側に心理的圧力をかけて折れやすくするためだ。

ただ、この思惑が外れて交渉期限が過ぎてしまうことも少なくない。いったんストライキがはじまれば、逆に経営側が有利なタイミングを待つ戦術に出て、ストライキ資金が底を突くまで結論を引き延ばしたりする。時機をうかがい続けて失敗したときの代償は大きい。

遅延戦術についても、相手に指摘して、交渉の俎上に上げていこう。それと同時に、相手の機会がしだいに狭まっていく状況をつくることも考えるといい。

たとえば、合併交渉の代表者なら、他社との協議をはじめ、その会社との合併の可能性を探ってみる。正当なデッドラインの設定に役立つ、客観的な状況を考えよう。

納税期限や年金基金理事会、契約満了日、議会最終日などを、デッドラインの根拠にするといいかもしれない。

「これで飲んでいただけなければ、このお話はなかったことに」という

相手に諾否を迫るのは必ずしも悪いことではない。実際、アメリカにおける商売のほとんどはこのような形で行なわれている。スーパーで豆の缶詰が一ドル五〇セントで売られているときに、店長に値切る人はまずいないだろう。ただ、商売では効率的な手法であっても、これは交渉ではない。お互いの意見交換による意思決定作業ではないからだ。

それでも、長々と交渉した末に「受けるか断るか決めてくれ」と迫って結論をはっきりさせるのがいけないということはない。ただし、言い方はもう少し丁寧なほうがいいだろう。

この戦術に対しては、認識して交渉の対象にする前に、まず無視することを考えよう。聞こえなかったふりをして話を続けたり、他の解決策をもち出すなどして話題を変えてしまう

といい。あえて向き合う場合は、合意が成立しなかった場合にどんなデメリットがあるかを相手に説明しよう。面子を保つための配慮もすること。

状況の変化に目を向けさせると、相手の顔を立てられることもある。たとえば労使交渉で経営側が最終回答を通告してきたら、「時給三ドル六九セントアップというのは、労使が協力して工場の生産性を高めることを話し合う前に、おっしゃっていた数字じゃないですか」などと指摘するといい。

◆どんな暴君にも「弱点」はある

どこまでが誠実な交渉かという疑問に答えるのはなかなか難しい。基準は人によって違うからだ。

親友や家族にこの方法を使うか、自分の言動がすべて報道されたら恥ずかしくないか、小説なら主人公と悪役のどちらがとりそうな行動かといったことを自問してみるのもいいかもしれない。

これらを考えるのは、客観的な是非というより、あくまで自分の価値観を見極めるためである。自分に対して使われたら不当で不誠実だと感じる戦術を使うべきかどうかは、あなた自身が判断しなければならない。

交渉のはじめに、こう提案してしまうのもいいだろう。

「いきなり妙なことをいうと思われるかもしれませんが、交渉をどのようなルールで行なうのかをはっきりさせておきませんか。できるだけ少ない時間と労力で合意にたどり着くことを目指すのと、押しの強さを競い合うのと、どちらのやり方にしましょうか」

どのような形の交渉であれ、相手が手練手管を使ってきたときの備えを怠らないこと。あなたもその気になれば、相手に匹敵する、あるいは相手以上のタフ・ネゴシエーターになれる。

不当な戦術よりも、理のある原則のほうが弁護しやすいことを覚えておいてほしい。

そして、相手の戦術のえじきにならないよう、細心の注意を払おう。

◆交渉のプロが実証ずみのテクニック

最後に、本書のポイントを挙げて締めくくることにする。

この本に書いてあることはいずれも、あなたがおそらく、ある程度は経験的に知っているものだ。私たちが試みたのは、そのような一般常識と経験を、思考と行動の実用的枠組みとして再構築することである。あなたの知識や直感と一致していたほうが、理解や実践は簡単なはずだ。この手法を実際に指導してきたベテランの弁護士やビジネスパーソンたちからも、こんな感想をいただいている。

「これまで自分がやっていたことがわかりました。交渉がうまくいったときの仕組みはそういうことだったのか、と気づきました」

「すでに知っていたことだったので、確かにそのとおりだと納得できました」

本は確かな指針を示してくれるし、考え方や行動に対する認識をもたらして、学ぶのを助けてくれる。

しかし、それらを実践する技術は、あなた自身が身につける必要がある。軍隊のトレーニング・プログラムの資料を読んだだけで、いきなり体力が身についたりはしない。テニスや水泳、自転車や乗馬の本を読めば、それらの達人になれるわけでもない。交渉もまったく同じである。

◆あなたが目指す「本当の勝利」とは何か

一九六四年、アメリカ人の父親と十二歳の子どもが、ロンドンのハイドパークでフリスビーをしながら土曜日の楽しいひとときを過ごしていた。当時イギリスではフリスビーは珍しく、通行人が集まって見物していた。やがて、山高帽の男性がやってきて、父親に尋ねた。

「すみません。十五分くらい見ていたのですが、どちらが勝っているのですか」

交渉の多くもこれと同じで、どちらが勝っているかを尋ねるのは、結婚したカップルに「あなた方はどちらが勝っているのか」と聞くのと同じくらい理不尽である。

自分の結婚に関してそんなことを考えるような人間は、もっと重要な夫婦の「交渉」ですでに負けている。**どのような原理原則にもとづいて、相手とどうつき合い、共通の利益と異なる利害にどう向き合っていくか**という部分だ。

本書は、その大事な「交渉のやり方」において勝つための指南書である。お互いの立場の違いをより優れたプロセスで解決するためのノウハウが詰まっている。

結果が伴わなければ、それはもちろん優れたプロセスとはいえない。交渉内容で勝ちを手にすることがすべてではないとしても、負けるのはやはり問題だ。

理論的にも経験的にいっても、原則立脚型交渉は、長い目で見て他の交渉戦略と同等かそれ以上の実利をもたらしてくれることが多い。人間関係の面でもより効率的であり、デメリットも少ない。私たちは、このやり方を実践しやすいと感じているが、読者のみなさんも同様に感じていただければうれしいかぎりだ。

といっても、習慣を変えるのは簡単なことではない。交渉内容と感情を切り離したり、共通の問題の優れた解決策を考える作業に相手を引き込むのも、行なうは難《かた》しである。まず勝ちとるべきはよりよい交渉手法だということを、折に触れて肝に銘《めい》じていこう。

正当な利益を手に入れることと、紳士的に振る舞うことの二者択一を避ける手法は存在する。どちらかを選ぶ必要はないのだ。


（了）

ハーバード流《りゅう》交《こう》渉《しょう》術《じゅつ》
必《かなら》ず「望《のぞ》む結果《けつか》」を引《ひ》き出《だ》せる！

著　者――ロジャー・フィッシャー／ウィリアム・ユーリー

訳　者――岩瀬大輔（いわせ・だいすけ）

発行者――押鐘太陽

発行所――株式会社三笠書房

〒102-0072 東京都千代田区飯田橋3-3-1
電話：(03)5226-5734（営業部）
：(03)5226-5731（編集部）
http://www.mikasashobo.co.jp

印　刷――誠宏印刷

製　本――若林製本工場

編集責任者　長澤義文
ISBN978-4-8379-5732-4 C0030